我
们
一
起
解
决
问
题

进出口涉税风险防控与案例解析

王永亮　李权宏　编著

人民邮电出版社

北　京

图书在版编目（CIP）数据

进出口涉税风险防控与案例解析 / 王永亮，李权宏编著 . -- 北京：人民邮电出版社，2025. -- ISBN 978 -7-115-67228-5

Ⅰ．D922.221.5

中国国家版本馆 CIP 数据核字第 2025LE7711 号

内 容 提 要

在当前国际贸易环境下，进出口环节的税收征管要求愈发严格，企业需同时应对海关和税务部门的监管。为确保合规纳税，企业必须兼顾业务实际、海关要求及税务规定，以规避法律风险和经济损失。

本书全面系统地介绍了进出口贸易与海关税收征管的基础知识，深入剖析了跨境电商、大宗商品、高价值商品及特许权使用费等业务的涉税争议焦点，并结合典型处罚案例进行实务解析。书中清晰呈现了海关监管的核心要点与不同商品的征管特点差异，旨在帮助企业准确把握国际贸易规则，有效规避合规风险，实现稳健经营与可持续发展。

本书适合进出口企业管理人员、财务人员、法务人员、关务人员及相关法律从业者阅读，也可作为财税培训机构及财经院校相关专业课程的指导用书。

◆ 编　　著　王永亮　李权宏
　　责任编辑　付微微
　　责任印制　彭志环

◆ 人民邮电出版社出版发行　　北京市丰台区成寿寺路 11 号
　　邮编 100164　电子邮件 315@ptpress.com.cn
　　网址 https://www.ptpress.com.cn
　　涿州市殷润文化传播有限公司印刷

◆ 开本：880×1230　1/32
　　印张：7.25　　　　　　　　　　　2025 年 5 月第 1 版
　　字数：116 千字　　　　　　　　　2025 年 8 月河北第 2 次印刷

定　价：59.00 元
读者服务热线：（010）81055656　印装质量热线：（010）81055316
反盗版热线：（010）81055315

在全球经济一体化与贸易自由化的深入发展背景下，国际贸易的繁荣与法治化建设相辅相成。随着企业跨境经营的合规需求日益增长以及政府监管的精细化要求不断提高，行业从业者不仅需要掌握扎实的进出口业务知识，还必须具备处理复杂实务问题的专业能力。然而，当前市场上系统梳理进出口税收争议解决实务的专著相对匮乏，尤其是缺乏结合真实案例、深入剖析海关监管与税收核定要点的专业指导用书。在此背景下，本书的出版正逢其时。

本书的作者之一，王永亮先生，现任上海海关学院海关法律系教师，并兼任上海市锦天城律师事务所律师，其职业经历兼具司法实践与教学研究双重背景；另一位作者，李权宏先生，作为上海航泰律师事务所主任，职业经历横跨企业法务与专业律所，专精于跨境投资、贸易合规及争议解决领域。两位作者在企业进出口涉税争议应对的合作中，形成了处理进出口税务、海关等复杂涉外案件的专业方法论。

本书以作者亲历案件为基础，系统剖析了进出口涉税争议，重点探讨了税款核定问题。书中不仅解析了海关计税与监管机制，还深入分析了特定商品的行业生态与交易惯例，既提供争议解决方案，也提出了风险防范建议。通过专业知识介绍、政策解读及典型案例分析，读者可全面了解海关监管要点及不同商品的征管差异。

全书内容翔实，具有以下特点。

1. 紧扣法律规定，构建实务逻辑

全书内容紧扣国家进出口业务涉税新政，以法律、行政法规、部门规章和其他规范性文件为基础，聚焦企业进出口涉税业务，从制度设计、文件内涵等角度详细分析相关法律法规，帮助读者更容易理解生涩的专业术语。

2. 依托真实案件，还原争议焦点

本书不仅深入解读相关法律法规，更精选作者亲历的

典型案件进行实务分析，从争议源头出发，逐步剖析案件核心，在还原进出口涉税争议全貌的同时，帮助读者更直观地理解税收政策内涵，从而强化对海关监管规则的实践认知。

3. 聚焦可操作性，提升合规能力

本书在最后列举了海关总署公布的典型案件并逐个进行分析，给出相应的合规建议。这有助于企业系统掌握进出口涉税争议的防范策略，在保持合规意识的前提下，顺利开展进出口业务。

需要说明的是，鉴于进出口商品的多样性和商业实践的复杂性，本书难以涵盖所有商品类别及涉税争议情形。但作为实务指南，本书将为进出口企业管理人员、财务人员、法务人员及法律从业者提供有价值的参考。

本书在编写过程中，王永亮助理孙文卓、上海海关学院杨铂仪协助校对，并得到了李九领教授的专业指导，谨此致谢！

由于财税法规、制度更新变化较快，书中难免有错漏之处，恳请读者批评指正。

第2章　跨境电商

第3章　大宗商品

第 4 章　高价值商品

第5章　特许权使用费——来自海关和税务的双重凝视

第6章　进出口业务处罚实例解析

01

第 1 章

进出口贸易与
海关税收征管基础

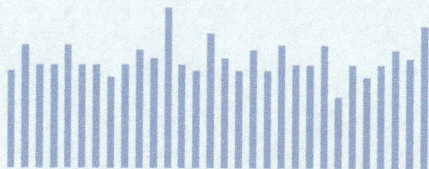

　　进出口贸易作为全球经济互联互通的重要纽带，其有序运行离不开海关的监管与税收征管。商品归类、原产地确认、完税价格审定等环节，既是海关执法的技术核心，也是企业合规的关键所在。然而，在复杂的国际贸易规则与动态调整的海关政策下，涉税争议频发，直接影响企业的税负成本与法律风险。本章将从进出口贸易的基本概念出发，深入解析海关税收征管的要素与争议焦点，揭示税款计核在执法与维权中的双重作用，为后续探讨争议解决路径奠定理论基础。

1.1　海关税收征管要素

　　通俗来讲，进出口贸易就是一国与其他国家之间进行的商品和服务的交换活动。它包括两个方面：出口和进口。出口是指将本国生产或加工的商品和服务卖到其他国家，进口则是从其他国家购买商品和服务。这种交换活动，不仅满足了各国多样化的需求和生产需要，也促进了全球资源的合理配置。

进出口贸易的有序开展与海关行政执法息息相关。海关作为进出境监督管理机关，依据《中华人民共和国海关法》（以下简称《海关法》）、《中华人民共和国关税法》（以下简称《关税法》）、《中华人民共和国船舶吨税法》等法律法规行使行政执法权，对跨境运输工具、货物及物品实施全面监管。

海关的核心征税职能包括对进出境的货物和物品征收关税，进口环节代征增值税、消费税，对进出境或停靠的国际航行船舶征收船舶吨税等。根据《海关法》的规定，海关被赋予关税征收权，代表国家履行关税征收职责。从代征增值税和消费税的角度分析，进口货物在完成海关通关手续后即获准进入国内市场流通，其税收待遇应与国产货物保持一致，依法缴纳相应国内税款。为了节省征税人力，简化征税手续，严密管理，进口货物、物品的国内税由海关代征。

从企业合规经营的视角来看，海关征税过程中，企业需重点关注商品归类、原产地认定及完税价格审定三大关键要素。这些要素直接关系到适用税率的确定和计税依据的合理性，进而影响企业的纳税义务和经营成本，企业应当予以高度重视。

1. 商品归类

进出口商品归类是指在《商品名称及编码协调制度的国际公约》商品分类目录体系下，以《中华人民共和国进出口税则》（以下简称《进出口税则》）为基础，按照《进出口税则商品及品目注释》《进出口税则本国子目注释》及海关总署发布的关于商品归类的行政裁定、商品归类决定的要求，确定进出口货物商品编码的活动。进出口商品归类是海关征税与监管的基础，只有准确进行商品归类，才能确保依法征税，保障国家税收不受损失，同时维护纳税人的合法权益。

《进出口税则》中的商品号列称为税则号列（以下简称"税号"），为征税需要，每项税号后均列出了该商品的税率。其中，税号的编码为8位数，前2位数字代表商品所在的章节，前4位数字称为品目，第5位至第8位数字则代表所在的子目及其细分。而确定商品编码的过程则被称为商品归类。

商品归类的基本步骤如下。

（1）确定品目。归类人员要结合有关资料分析商品特性，如商品的组成、结构、加工、用途等，并依据税号的分类规律初步分析该商品可能涉及的类、章和品目，注意相关章注和类注是否有特别的规定。

（2）确定子目。在确定品目后，归类人员应继续细化分析，综合考虑商品的具体规格、型号、加工工艺等特征。由于子目是在品目项下的进一步细分，其范围更小、层级更明确，因此在多数情况下，子目的确定相对更为直接和容易。

2. 原产地认定

在国际贸易中，原产地是指货物生产的国家（地区），即货物的"经济国籍"。为适应国际贸易的需要，并为执行本国关税及非关税方面的贸易措施，进口国必须对进出口商品的原产地进行认定。为此，各国通过国内立法确立判定货物"经济国籍"的标准，也就是原产地规则。原产地规则分为两大类，一类是优惠原产地规则，即为了实施国别优惠政策而制定的法律；另一类是非优惠原产地规则，即根据实施海关税则和其他监管需要，由本国立法自主制定的原产地规则。

在认定货物的原产地时，会出现以下两种情况：一种是货物完全在一个国家获得或生产制造，另一种是货物由两个或两个以上国家生产或制造。目前，世界各国原产地规则都包含这两种货物的原产地认定标准，即完全获得标准和实质性改变标准。

完全获得标准适用于完全在一国（地区）获得的产品，如农产品或矿产品。实质性改变标准适用于经过几个国家（地区）加工、制造的产品，各国（地区）多以最后完成实质性加工的国家（地区）为原产国（地区）。实质性改变标准可进一步细化为税则归类改变标准、从价百分比标准、加工工序标准、混合标准等。

3. 完税价格审定

完税价格审定是海关根据一定的法律规范和判定标准，确定进出口货物海关计税价格的过程。我国海关税收征管主要使用从价税计税方式，即以货物的价格为基础确定纳税义务人须向海关缴纳的税款。准确认定进出口货物完税价格是贯彻关税政策的重要环节，也是海关依法行政的重要体现。

进口货物作为主要的征税对象，其完税价格应依据《中华人民共和国海关确定进出口货物计税价格办法》（以下简称《海关确定进出口货物计税价格办法》）的规定，以货物的成交价格为基础，经海关审查确定，并包含货物运抵我国境内输入地点起卸前的运输及相关费用、保险费。进口货物完税价格的审定方法包括成交价格估价法、相同货物成交价格估价法、类似货物成交价格估价法、倒扣价格估价法、计算价格估价法及合理估价法六种。

出口货物的完税价格由海关以该货物的成交价格为基础审查确定，包括货物运至我国境内输出地点装载前的运输及其相关费用、保险费。出口货物完税价格的审定方法包括成交价格估价法、相同货物成交价格估价法、类似货物成交价格估价法、计算价格估价法和合理估价法五种。

1.2 进出口贸易中的涉税争议

对进出口企业来说，一票货物从申报到放行，需要严格遵守海关对商品归类、原产地认定及估价等方面的监管规定。

由于海关监管规定具有专业性和复杂性，企业在申报过程中可能因理解偏差或客观因素而产生申报差异。以商品归类为例，国务院关税税则委员会依据《中华人民共和国进出口税则》，将各类商品归入 8 位税号，并根据不同品目和子目每年设定相应关税税率，因此税号选择直接影响适用税率。企业若对产品功能属性理解存在偏差，抑或相关从业人员在进出口业务中不能持续更新海关业务知识，则很有可能因"申报不实"而产生涉税争议。

常见的海关涉税争议主要涉及以下几种情形。

1. 商品归类争议

商品归类与货物进出境税率、贸易管制、监管要件等息息相关，是海关执法争议的高频领域，具有持续性和普遍性特点。实务中主要存在两类争议情形：

一是海关与企业双方对商品编码的归类存在分歧，即企业质疑海关依据货物物理特性或功能用途所作出的归类结论；

二是企业虽认可归类结果，但对海关后续处置程序的合法性存在疑问，包括归类调整的溯及力认定、追征税款时限合理性及是否应并处行政处罚等方面的问题。

2. 原产地认定争议

随着经济全球化和生产国际化的发展，进口货物的原产地，即"经济国籍"的准确认定变得尤为重要。因为确定了进口货物的原产地，也就确定了其依照进口国的贸易政策所适用的关税和非关税待遇。原产地的不同决定了进口商品所享受的待遇不同，会直接导致同种类货物的税负天差地别。

3. 估价争议

海关估价对遏制低报、瞒报价格、防止偷逃关税起着重要作用，但由于涉及复杂的价格要素及国际、国内交易惯例差异，实际操作中容易产生行政争议。争议焦点通常集中在三个方面：

一是对成交价格估价法、相同货物成交价格估价法、类似货物成交价格估价法等不同估价方法的适用条件存在理解差异；

二是对运输附加费、特许权使用费、协助费用等间接费用是否计入完税价格产生认定分歧；

三是企业对跨国公司关联交易价格的判定标准及调整幅度存在异议。

4. 保税与加工贸易管理争议

保税是指纳税义务人进口应税货物，经申请主管海关同意，海关暂缓征收进口关税和进口环节税，但货物须接受海关监管，且海关保留后续征税权利的一种制度。加工贸易作为保税业务的重要形式，指经营企业进口全部或者部分原辅材料、零部件、元器件、包装物料（统称为料件），经过加工或者装配后，将制成品复出口的经营活动。此类争议集中体现在单耗核定分歧、保税料件短少及擅自处置等方面。

进出口企业应高度重视商品归类、原产地认定、估价、保税与加工贸易管理等核心涉税环节的合规风险与行政争议。企业若在这些环节出现申报差异，可能触发补税、滞纳金甚至行政处罚，而争议处置结果最终将体现在税款计核环节，具体如下节所述。

1.3 税款计核在涉税争议解决中的重要性

税款计核的定义分为狭义的税款计核和广义的税款计

核。从广义的角度来看，税款计核涵盖所有涉及海关税收征管场景的税款计算，包括走私、违规案件中偷逃税款的核定及正常进出口活动中税负数额的计算。而狭义的税款计核则聚焦于走私案件中的税款计算，无论是刑事还是行政案件，走私税款的数额是司法和行政机关对行为人进行处罚最重要的依据。

根据《关税法》的规定，对走私行为，海关有权核定应纳税额。2024年11月26日，海关总署发布了《中华人民共和国海关计核涉嫌走私的货物、物品偷逃税款办法》，明确规定计核工作是海关依法对走私货物、物品偷逃税款进行核定的行政执法行为，其法律效力源于《海关法》《关税法》等法律法规的授权。计核工作以涉嫌走私货物、物品为对象，海关根据其计税价格、税则号列/分类编号、原产地、数量、适用的税率和计征汇率等核定偷逃税款。

涉嫌走私的货物、物品与正常进出口的货物、物品适用相同的完税价格审定标准和计税方法。对于通过运输、携带或寄递方式走私的物品，其计税价格则依据进境物品相关规定确定，确保计税工作的公正性与科学性。

综上所述，税款计核作为涉税争议解决的核心技术环节，既是法律规则与商业实践的桥梁，也是国家征税权与企业财产权平衡的标尺。尤其在新业态频现的背景下，跨境电商"推单"走私等新型争议的解决，更加依赖税款计核对于偷逃税款的定量计算。本书将围绕近年海关热点商品、热门业务，对相关的涉税争议进行深度剖析。

02

第 2 章

跨境电商

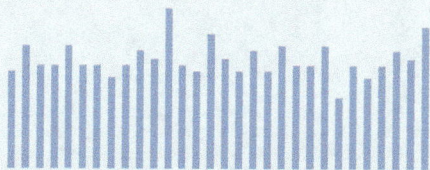

近年来，随着"一带一路"倡议的深入推进以及我国贸易便利化政策的实施，跨境电商发展迅速，已成为推动经济外循环的重要引擎。然而，这也带来了复杂的法律问题。部分从事跨境电商业务的企业由于不熟悉海关政策或对政策存在误解，可能面临法律风险，尤其是在走私认定和税款缴纳等方面，进而影响企业的正常运营。本章内容旨在分析跨境电商领域的合规与风险问题，以帮助企业在政策变化中实现合规发展。

2.1　清关方式对认定跨境电商走私故意的影响

作为境内消费者实际消费的商品，跨境电商商品往往是以单个包裹的形式进行清关，最终由境内自然人进行收货。需要说明的是，企业适用跨境电商进口政策的前提是须在海关办理跨境电商备案。这种情况下，有些未备案的企业就会尝试通过 B 类快件进口商品，B 类快件是指海关现行法规规定限值内或免税额内予以免税的物品，同样的包裹外观，并由境内自然人收货。因此，该行为存在一定的法律风险。

【案例 2-1】

甲企业在国内社交电商平台（以下简称乙平台）以跨境电商名义向消费者销售商品，消费者在社交电商平台下单。甲企业接收某笔订单之后，发现乙平台没有按照《海关总署公告 2018 年第 194 号（关于跨境电子商务零售进出口商品有关监管事宜的公告）》（以下简称 194 号公告）的要求进行电子商务平台企业备案，故无法推送三单（交易单，也称订单；支付单；物流单）。于是，甲企业联系了一家物流公司，由该物流公司以 B 类快件方式 [CC，境内收寄件人（自然人）收取的个人自用物品]向海关申报，甲企业按照 9.1% 的跨境电商（BC）优惠税率与物流公司进行结算。物流公司接受甲企业委托后，低报价格进口，后被海关缉私局查获。

甲企业应当为物流公司低报价格的行为承担法律责任吗？该案件争议的焦点主要在于甲企业是否具有偷逃税款

的犯罪故意。

有些人认为甲企业具有犯罪故意，主要理由有以下几点：

（1）甲企业将跨境电商（BC）商品按照B类快件个人物品（CC）申报；

（2）物流公司未与海关联网、未推送三单，不能实现"三单对碰"；

（3）商品真实成交价格已超出B类快件方式个人物品限值；

（4）B类快件个人物品（CC）行邮税高于跨境电商（BC）税率，甲企业按照9.1%结算税款具有逃税走私的故意。

上述意见是值得商榷的，因为其忽视了现行有效的财税政策的规定，下面我们逐条进行分析。

首先，甲企业将跨境电商（BC）商品按照B类快件个人物品（CC）申报，是否一定具有犯罪故意？

2019年2月23日，《国家邮政局 商务部 海关总署关于促进跨境电子商务寄递服务高质量发展的若干意见（暂行）》（国邮发〔2019〕17号）发布，该文件第一条第（一）

项规定："支持寄递服务企业主体多元化。支持邮政企业、进出境快件经营人等各类跨境寄递服务企业利用互联网平台，发挥信息系统优势，依法提供跨境包裹、商业快件等寄递服务，依法纳入行业监督管理和服务统计。"自此，跨境电商的清关方式既包括跨境贸易电子商务、保税跨境贸易电子商务等，也包括 B 类快件个人物品（CC）。也就是说，跨境电商可以合法以商业快件进行申报，并不构成伪报。

其次，物流公司未与海关联网、未推送三单，不能实现"三单对碰"，是否一定具有犯罪故意？

尽管绝大多数的跨境电商业务是通过与海关联网的企业进行的，但这并非唯一的跨境电商模式。根据《财政部海关总署 国家税务总局关于跨境电子商务零售进口税收政策的通知（财关税〔2016〕18 号）》：

"二、跨境电子商务零售进口税收政策适用于从其他国家或地区进口的、《跨境电子商务零售进口商品清单》范围内的以下商品：

（一）所有通过与海关联网的电子商务交易平台交易，能够实现交易、支付、物流电子信息'三单'比对的跨境电子商务零售进口商品；

（二）未通过与海关联网的电子商务交易平台交易，但快递、邮政企业能够统一提供交易、支付、物流等电子信息，并承诺承担相应法律责任进境的跨境电子商务零售进口商品。

不属于跨境电子商务零售进口的个人物品以及无法提供交易、支付、物流等电子信息的跨境电子商务零售进口商品，按现行规定执行。"

可以看出，现行法律并未要求跨境电商业务必须与海关联网，也未规定必须实现"三单对碰"。"三单对碰"只是海关对跨境电商监管的形式要件，不能仅因为未推送"三单"而追究刑事责任。

上海市第三中级人民法院刑事审判庭审判长高卫萍、法官助理王思嘉在《跨境电商零售进口渠道走私犯罪实务问题初探及风险防治对策》[①]一文中指出，通过海关联网平台开展交易以及"三单一致"均属形式要件，违反相关规定属于违法行为，但并非所有违法行为都是犯罪。确实存

———————

① 高卫萍，王思嘉．跨境电商零售进口渠道走私犯罪实务问题初探及风险防治对策［J］．海关法评论，2023，（00）：390-405.

在消费者真实交易的情况下，未造成实际税款损失，则没有产生实际的危害结果，不构成刑事犯罪。

上海市人民检察院第三分院第二检察部刘晓光、金华捷检察官在《如何界分跨境电商零售进口走私行为》[①]一文中指出，应当看到，海关对于跨境电商零售进口监管制度是多维度的，既有对消费者身份、电商企业的注册等要求，也有对物流、交易、支付等环节的监管。而这种交易模式的核心是特定主体对于特定商品在进口通关环节享有税收的优惠。因此，判断税款损失的依据是通关环节直接纳税义务人是否享有税收优惠资格，即是否为境内符合监管条件的消费者。若这类人员不享有资格而根据优惠税率缴纳税款，其少缴部分即可认定为税款损失。反之，即便平台在报关中使用了虚假身份、支付或者物流信息，也只能认定为违规。这是因为，享有优惠税率的消费者根据海关规定的优惠税率缴纳了相应的税款，未造成国家税款损失，也就不构成走私犯罪。通过平台下单及处于直接纳税人地位的确实是境内消费者，若经查实这些消费者符合海

---

① 刘晓光，金华捷. 如何界分跨境电商零售进口走私行为［N］.检察日报，2020-08-07.

关规定的消费限额，即便报关环节伪报了身份、交易、物流、支付等信息，也不会造成税款损失。经抽样及与海关数据对比，若货物流向的消费者确实符合限额规定，则推定货物流向符合监管条件而不作为犯罪处理；若违反限额规定的消费者超过一定比例或企业无法提供货物流向的证据，则推定企业并未严格执行海关监管措施，仍需追究其刑事责任。

再次，商品真实成交价格已超出 B 类快件方式个人物品限值，是否一定具有犯罪故意？

这里值得关注的点主要有两个：一是能否以成交价格作为判定超过限值的依据？二是即使超过限值，就一定不能以 B 类快件申报吗？

针对第一点，限值并非以成交价格为标准，仅以两件以上涉案商品成交价格是否超过 2 000 元（寄自境外）区分物品与货物，不符合法律规定。

针对第二点，即使涉案商品完税价格已超出 B 类快件方式个人物品限值，也并不意味着涉案商品不符合 B 类快件方式申报入境条件。在涉案商品真实、成交价格已超出 B 类快件方式个人物品限值的情况下，能否以 B 类快件方式个人物品合法申报，取决于包裹内涉案商品的数量。如果包裹内仅有一件涉案商品，即使超过 2 000 元限值，也可以 B 类快件方式申报。

最后，B 类快件个人物品（CC）行邮税高于跨境电商（BC）税率，甲企业按照 9.1% 结算税款，是否一定具有逃税走私的故意？

B 类快件与跨境电商的实际税负，不能仅从税率来判断。虽然 B 类快件适用 13% 行邮税税率，跨境电商适用 9.1% 的增值税税率，但并不能得出 B 类快件的实际税负必然高于跨境电商的结论。与跨境电商不同，B 类快件多了一项税款金额低于 50 元免税的规定。例如，同样是进口 100 瓶售价 99 元的产品，每个快件申报一瓶，则行邮税为零，因为每个快件的税款均因低于 50 元而免缴；但若按照跨境电商申报，则需要缴纳税款，因为跨境电商虽然税率只有 9.1%，但却没有免税的规定。因此，行邮税与跨境电商税负哪一个更高，需要根据具体的情况测算，不能直接依据税率的高低进行判断，认为行邮税税负一定高于跨境电商税负的结论是武断的。

总之，跨境电商是一个政策性极强的领域，监管政策一直在进行"打补丁"式的调整。相关企业务必主动深入研习海关政策，清晰区分 BC、CC 等关键业务模式，准确阐述海关政策规定。否则一旦因对政策理解不清，错误操作，极易涉嫌走私犯罪，给企业带来严重的法律后果和经营风险。

2.2　走私行为认定与税款计核

相较于以一般贸易方式进口货物，跨境电商进口享有更多的税收优惠，如关税税率暂设为 0，进口环节增值税、消费税按应纳税额的 70% 征收。企业在享受税收政策红利的同时，一些不法分子却利用跨境电商渠道走私，将应以一般贸易方式进口的货物伪报成跨境电商贸易方式通关进口，目的是偷逃税款。

跨境电商走私的认定比较复杂，如伪报商品规格、贸易性质等，具体的税款计核方式如下。

1. 伪报商品规格

伪报商品规格是指在实际进出口商品时，故意隐瞒商品或提供虚假的规格参数，向海关申报与实际规格不符的商品信息。在跨境电商走私中，伪报化妆品的规格是较为常见的走私行为，不同于其他商品，化妆品的规格会直接影响消费税的征收。

《财政部 国家税务总局关于调整化妆品消费税政策的通知》（财税〔2016〕103号）第一条规定："高档美容、修饰类化妆品和高档护肤类化妆品是指生产（进口）环节销售（完税）价格（不含增值税）在10元/毫升（克）或15元/片（张）及以上的美容、修饰类化妆品和护肤类化妆品。"财关税〔2016〕48号文也对高档化妆品作出了相同的定义。

海关会密切关注化妆品规格型号的申报，以确定化妆品是否符合征收消费税的标准。目前，最普遍的违规行为是企业将化妆品的毛重当作净重向海关申报，通过增加申报重量的方式，将化妆品单价降到10元/毫升（克）或15元/片（张）以下，以达到偷逃消费税的目的。

【案例2-2】

某跨境电商经营企业申报进口某品牌片状面膜，

商品税号 33049900.49，规格为 10 片／盒，申报单价
100 元，该面膜价格并未达到消费税起征标准（面膜消
费税的起征标准为 15 元／张），但在其后缴税过程中，
该批商品被自动计征消费税。由于跨境电商零售进口
税收采取代收代缴制，因此由电商或平台企业向消费
者代收后再向海关解缴该笔税款。

在此案例中，跨境电商经营企业事先仅按规定代收了
增值税税款，未预见系统会同时计征消费税，导致后续需
缴纳消费税，且由此产生的增值税和消费税损失由企业自
行承担。

后来经过分析，这问题背后的"元凶"是该商品法定
计量单位数量申报错误。根据《中华人民共和国海关进出
口货物报关单填制规范》与《中华人民共和国海关统计商
品目录》的规定，商品税号 33049900.49 项下，法定第一
计量单位为千克，第二计量单位为件。此处的"件"应理
解为"商品不可分割的最小单位"，如面膜 10 片／盒，应
申报第二数量为 10 件。案例中该企业误将第二计量单位
"件"理解为申报数量盒，导致其在进境申报环节以及向

海关账册管理系统申报录入时，将第二数量申报为1件，直接使该面膜单片（张）价格扩大10倍，达到消费税计征标准，后续征税环节系统自然以此计征额外税款。

【案例2-3】

　　某跨境电商企业境内代理人，以跨境电商直购进口模式向海关申报进口一批化妆品，申报商品第一法定数量为0.1kg/个（100g/个）。经海关核查，该企业申报的"第一法定数量"未按海关规定以商品净含量（即不含内外包装的实际重量）申报，实际化妆品的净含量仅为8.1g/个，导致商品总重量虚增，进而少缴进口税款。涉案商品共计5万余项，货值约774万元，涉及5万余票报关单。

　　该案例中，当事人将规格按照毛重量申报，导致少缴了消费税。由于消费税为价内税，其计税依据直接影响增值税的计算。因此，该行为偷逃的税款包括消费税本身，以及因少缴消费税而导致的增值税减少的部分。

　　综上所述，对于企业来说，化妆品的法定数量申报需格外谨慎，不论是疏忽还是理解误差导致的数量申报错误，都可能导致被额外计征消费税与增值税，增加通关时间成本，造成企业经济损失。

当然，对于误征税款企业也无须担心，根据《关税法》的规定，纳税人发现多缴税款的，可以自缴纳税款之日起三年内，向海关书面申请退还多缴的税款。海关应当自受理申请之日起三十日内查实并通知纳税人办理退还手续，纳税人应当自收到通知之日起三个月内办理退还手续。

2.伪报贸易性质

某人曾从跨境电商网站购买低价促销的商品后遭到退单，另有多人和其境况相同，店家均告知无法发货。但对照企业（店家）提供给海关的发货清单，货物确实有成交记录。这种情况下，不排除企业存在通过"化整为零"的方式将商品违规销售给内部人员的嫌疑。

跨境电商应当直面消费者，不允许进行二次销售。上述的店家作为跨境电商，伪报贸易性质进行货物的二次销售，涉嫌走私，应缴纳关税、增值税、消费税。

根据跨境电商零售进口税收政策，符合条件的企业可享受"0 关税、增值税与消费税按应纳税额 70% 征收"的优惠政策。但对于将一般贸易货物伪报为跨境电商进口的行为，关税按一般贸易应缴税率的 100% 全额计核，增值税和消费税按一般贸易应缴税额的 100% 减去跨境电商渠道已缴纳的 70%，即差额部分（30%）计核。计算公式为：

$$偷逃税款金额 = 应缴关税（100\%）+[应缴增值税（100\%）$$
$$+ 应缴消费税（100\%）]\times 30\%$$
$$= 应缴关税的 100\% + 应缴增值税的 30\%$$
$$+ 应缴消费税的 30\%$$

3. 伪报税则号列或者商品成分，销售清单以外的商品

在跨境电商进口中，并非所有的商品都可以通过跨境电商的贸易方式进口，只有列入《跨境电子商务零售进口商品清单》的商品才可以。商品税号不在跨境电商正面清单内的商品，不能通过跨境电商方式进境，应当以一般贸易方式进口，缴纳关税、增值税、消费税。实务中，有些企业为了少缴税款，会通过伪报税则号列或商品成分的方式进口商品，这种行为涉嫌走私偷逃税，应按跨境电商与一般贸易的税差，即"应缴关税的 100%+ 应缴增值税的30%+ 应缴消费税的 30%"计核税款。

【案例2-4】

　　某跨境电商企业境内代理人以跨境电商方式向海关申报进口5 895瓶西甲硅油，申报税则号列为21069090.90。而西甲硅油的实际税则号列应为30049090.99，不在《跨境电子商务零售进口商品清单》内，因此，该企业应当以一般贸易方式进口该商品，并向海关提交进口药品通关单。

　　上述案例中，当事人伪报税则号列的行为涉嫌走私，相关部门已对其予以行政处罚并追缴税款。

　　另外，跨境电商企业在向海关申报进口时，商品成分信息也应当予以重点关注。

【案例2-5】

　　某企业长期经营含有鸡肉成分的猫粮罐头，该猫粮罐头含动物源性原料，主要成分为禽类。海关总署曾发布公告，禁止直接或间接从部分国家输入禽及其相关产品。而该企业隐瞒鸡肉成分，将一般贸易改为跨境电商向中国出口。后被缉私局查获。

海关与国内市场监督管理部门建立了联动机制，对仅有跨境电商进口数据而无一般贸易进口数据，但在国内市场大量销售的商品，将予以重点关注。

4. 定向打折促销，违反海关估价规定

什么样的折扣在海关估价中是可以接受的，现行法律并未作出明确的规定，相关的意见散见于海关总署发布的指导性文件和典型案例中。综合来看，中国海关关于价格折扣通常具有以下三点合规要求。只有同时符合这些要求，价格折扣才可能被海关认可。

一是折扣的公开程度。折扣必须具有商业上的合理性，卖方通常应当制定并公开折扣的具体实施标准；折扣必须适用于行业中不特定的买家，而不能为某一特定买家所独有。

二是折扣的确定时间。除依据公式定价确定成交价格之外，无论是现金折扣还是数量折扣，买卖双方在申报进口前必须确定折扣的金额。

三是不得设定回溯性折扣。也就是说，货物的价格必须一票一议，不得因为以往交易的原因而影响当期交易的价格。例如，卖方因为第一笔交易中存在残次品而在第二

次交易中向买方提供折扣，以作为对第一笔交易的补偿。这种回溯性折扣，将不被允许从第二次交易的成交价格中扣除。

倘若出现上述不被海关所认可的折扣，那么在偷逃税款计核时，就会按照折扣前的价格计算应缴税款，与已缴纳的税款之间的差额构成偷逃税款部分。

跨境电商中的定向折扣是不符合海关监管要求的。同样是电商，跨境和不跨境即一般贸易的游戏规则差别很大，海关对跨境电商的监管有其特定的规则和要求。

5. 跨境电商"推单"走私

跨境电商"推单"走私是指不具备跨境电商资质的企业以其他企业的名义将"三单"信息推送至海关。下面通过案例进行解释说明。

【案例2-6】

A公司的经营范围包括跨境电子商务，但其没有在海关办理任何手续。A公司以跨境电商的名义在某平台网店接单，国内客户下单并付款后，A公司会对国内客户的订单进行汇总，委托物流公司向海关推送物流信息，同时委托在海关注册的跨境电子商务企业B公司推送订单信息、委托在海关注册的快付公司向海关推送支付信息。例如，国内客户下单购买了一台价格为1 000元的吸尘器，通过支付宝完成支付；A公司将订单价格整体下调20%，委托B公司和快付公司按每台800元向海关推送订单和支付信息。B公司在推送时，将接受订单的企业名称从A公司改为B公司，这时快付公司推送的则是本公司的支付信息，而不是支付宝的支付信息。

后来，A公司因涉嫌走私被刑事立案。

这个案件在处理过程中，就税款计核产生了争议。

一种意见认为，A公司虽然没有向海关办理登记备案手续，形式上违规，但下单的国内消费者毕竟是真实的，实质上仍然属于跨境电商，因此，对于已经申报并缴税的部分不应做调整，无须按照跨境电商与一般贸易之间的税差补税；A公司应仅就低报价格部分，按照跨境电商的税号确定偷逃税款的金额。

另一种意见则认为，应当按照一般贸易的税率计核税款。A公司未经海关登记备案，不属于合法的跨境电商经营企业，所开展的营业活动不属于跨境电商，因此不得享受跨境电商优惠税率。所销售的全部货物，已经申报的部分，应当按照跨境电商与一般贸易的税差确定逃税金额；低报价格的部分，应当直接按照一般贸易计核偷漏税款。

上述第二种意见较为正确，即应当按照一般贸易的税率计核税款，具体分析如下。

首先，获得海关登记备案是跨境电商企业及其境内代理人合法经营的必要条件之一，海关的行政许可在跨境电商业务中起着非常重要的作用。A公司所从事的业务是否属于跨境电商业务，不能只看其形式，还要看其业务是否得到了海关总署的行政许可。本案中，A公司并未与海关数据实现对接，其通过篡改订单信息的方式向海关推送虚假信息，不具备获得海关行政许可的基本条件。

我们举个例子来说明行政许可的作用。假设三名自然人未依法取得营业执照，却在其内部设置了完整的公司组织架构，并完全按照公司化模式运作。当这三个自然人走私被抓获，属于单位犯罪还是个人犯罪？当然是个人犯罪，没有获得行政许可，则不管模仿得多逼真，都不会获得公司的主体资格。同理，没有海关总署的行政许可，企业所从事的业务不能被认定为跨境电商业务，因此不能适用跨境电商优惠税率。

其次，跨境电商的税收优惠政策有着严格的限制条件。在跨境电商经营当中，并非所有的交易都可以享受跨境电商优惠。《财政部 海关总署 税务总局关于完善跨境电子商务零售进口税收政策的通知》（财关税〔2018〕49号）第二条规定："完税价格超过 5 000 元单次交易限值但低于 26 000 元年度交易限值，且订单下仅一件商品时，可以自跨境电商零售渠道进口，按照货物税率全额征收关税和进口环节增值税、消费税，交易额计入年度交易总额，但年度交易总额超过年度交易限值的，应按一般贸易管理。"因此，可以看出，即使在完全合法合规的跨境电商交易中，也并非所有交易都能享受优惠税率。A 公司篡改了订单信息，伪造了支付信息，采取"推单"的方式逃避海关监管，更加不应按照跨境电商优惠税率计核税款。

再次，对 A 公司按照跨境电商征税，在目前的海关监管条件下找不到依据。海关征税，须严格按照监管方式核定税款。每一种监管方式都有特定的含义，并对应一个四位数的海关监管方式代码。例如，最常见的是一般贸易，海关监管方式代码为"0110"，适用于境内有进出口经营权的企业单边进口或单边出口的贸易。目前，与跨境电商有关的海关监管方式主要有五种，其代码为："1210""9610""1239""9710""9810"。其中前三种适用于进口业务，后两种适用于出口业务。下面主要针对进口业务的海关监管方式进行说明。

（1）保税跨境贸易电子商务，海关监管方式代码为"1210"，适用于境内个人或电子商务企业在经海关认可的电子商务平台实现跨境交易，并通过海关特殊监管区域或保税监管场所进出境的电子商务零售商品［海关特殊监管区域、保税监管场所与境内区外（场所外）之间通过电子商务平台交易的零售进出口商品不适用该监管方式］。

（2）跨境贸易电子商务，海关监管方式代码为"9610"，适用于境内个人或电子商务企业通过电子商务交易平台实现交易，并采用"清单核放、汇总申报"模式办理通关手续的电子商务零售进出口商品（通过海关特殊监管区域或保税监管场所一线的电子商务零售进出口商品除外）。

（3）保税跨境电子商务 A，海关监管方式代码为"1239"，适用于境内电子商务企业通过海关特殊监管区域或保税物流中心（B 型）一线进境的跨境电子商务零售商品。

如果按照跨境电商的优惠税率计核税款，必须先确认企业的业务模式符合"1210""1239""9610"监管条件中的一种。而从上述案例来看，A 公司的业务模式并不符合跨境电商的任何一种监管条件，因此不应按跨境电商模式核定征收税款。

最后，跨境电商零售进口是一般贸易之外的试点，何时何地以何种方式开展跨境电商零售进口业务，都应当在国家的统一部署下进行。例如，根据相关文件规定，只有纳入跨境电商零售进口试点的城市，才能开展跨境电商零售进口业务。未经海关总署行政许可擅自开展跨境电商业务，不仅脱离了海关监管，还可能对跨境电商试点工作造成冲击，扰乱跨境电商有序推进的节奏。

2.3　税收风险提示及合规建议

跨境电商税收政策较为复杂，企业在履行纳税义务及享受税收政策红利的同时，必须注重风险防控与合规操作。下面列出了参与跨境电商业务的企业在经营中应重点关注的税收风险，并给出合规建议。

1. 综合试验区内企业的税收优惠与风险

近年来，跨境电商作为一种新兴业态备受瞩目。国家税务总局、海关总署等相关部门出台了一系列支持跨境电商综合试验区（以下简称"综试区"）发展的税收优惠政策。参与跨境电商业务的企业可从商业身份、进出口方向及纳税人身份三个方面来判断自身所处的税收地位，选择适用的税收政策。

（1）商业身份

在跨境电商交易中，参与跨境电商业务的企业按照商业身份分为跨境电商平台企业、跨境电商企业、跨境电商物流企业、跨境电商支付企业及监管场所运营企业等，具体能够享受哪些税收优惠政策，首先取决于企业的商业身份。目前，综试区内只有经营出口业务的跨境电商企业及进口商品消费者个人享有较多的税收优惠，其他商业身份的主体，暂时没有特殊的税收优惠政策，与综试区外企业适用相同的税收征管政策。

综试区内的跨境电商企业，即在跨境电商平台开设店铺、销售货物的企业，可享受企业所得税核定征收政策。《国家税务总局关于跨境电子商务综合试验区零售出口企业所得税核定征收有关问题的公告》（国家税务总局公告2019年第36号，以下简称36号公告）第二条规定："综试区内核定征收的跨境电商企业应准确核算收入总额，并采用应税所得率方式核定征收企业所得税。应税所得率统一按照4%确定。"

核定征收政策解决了此前跨境电商企业因难以取得发票而无法有效进行企业所得税税前扣除的问题，使跨境电商企业在申报企业所得税时，可直接按4%的应税所得率计算缴纳企业所得税，无须再为发票犯愁；同时，36号公告还明确了核定征收与小型微利企业的税收优惠政策可以叠加适用，从而进一步降低了综试区内跨境电商企业的税负。需要注意的是，当跨境电商平台企业存在自营业务，同时具有平台企业与商务企业的双重身份时，其商务企业身份所对应的经营额，可以享受跨境电商企业的税收优惠政策。

(2) 进出口方向

同样是跨境电商企业，根据其经营的是出口业务还是进口业务，所享受的税收优惠政策存在较大差异。整体来看，为鼓励外贸发展，现行税收优惠政策更倾向于支持从事出口业务的跨境电商企业。

一方面，36号公告所规定的企业所得税核定征收政策，仅适用于经营出口业务的跨境电商企业；另一方面，增值税的免税优惠政策也仅适用于从事出口业务的跨境电商企业。根据《财政部 税务总局 商务部 海关总署关于跨境电子商务综合试验区零售出口货物税收政策的通知》（财税〔2018〕103号，以下简称103号文）的相关规定，对综试区内符合条件的电子商务出口企业出口未取得有效进货凭证的货物，试行增值税、消费税免税政策。

跨境电商企业还需要了解自身的出口形态能否享受现行的增值税免税政策。与企业所得税核定征收类似，增值税免税政策适用的出口形态必须是零售出口，即B2C出口，进口方只能是境外的消费者。同时，跨境电商企业要注意税务部门相关政策与海关部门相关政策的衔接。按照《海关总署公告 2020 年第 75 号（关于开展跨境电子商务企业对企业出口监管试点的公告）》（以下简称 75 号公告）的规定，境内企业通过跨境电商平台与境外企业达成交易后，通过跨境物流将货物直接出口送达境外企业的（下称"跨境电商 B2B 直接出口"），所对应的海关监管方式代码为"9710"；境内企业将出口货物通过跨境物流送达海外仓，待跨境电商平台实现交易后从海外仓送达购买者的（下称"跨境电商出口海外仓"），所对应的海关监管方式代码为"9810"。

开展跨境电商 B2B 直接出口的跨境电商企业需要注意，36 号公告的企业所得税核定征收政策与 103 号文的增值税免税政策，目前在"9710"跨境电商 B2B 直接出口项下是不适用的，而在"9810"跨境电商出口海外仓项下能否适用，则需等待海关总署与国家税务总局进一步予以明确。

尽管相关政策存在限制，但试点企业在增值税退税方面有新突破。自 2025 年 1 月 27 日起，国家税务总局对纳税人以跨境电商出口海外仓（海关监管方式代码"9810"）

方式出口的货物实行"离境即退税"政策。符合条件的跨境电商出口企业可享受增值税、消费税退（免）税政策。随着"9810"模式的推广，企业"整进整出"的出口方式更加普遍，增值税专用发票的获取也更加便利，从而有助于企业切实享受出口退税政策。

（3）纳税人身份

由于目前综试区均是在海关的综合保税区内，因此综试区内跨境电商企业的税负也会受到与综合保税区有关的税收政策的影响。综试区内的跨境电商企业除了从事境外业务，还会与境内的企业开展业务活动。以前，综合保税区内的企业不可以开具增值税专用发票，导致综合保税区外的企业在向综合保税区内的企业购进货物时，无法抵扣增值税。2019 年，《国家税务总局 财政部 海关总署关于在综合保税区推广增值税一般纳税人资格试点的公告》（国家税务总局公告 2019 年第 29 号，以下简称 29 号公告）出台，规定综试区内的跨境电商企业也可以选择参加一般纳税人试点。

实务中，加入一般纳税人试点能否降低综试区内跨境电商企业的税负，取决于跨境电商企业与其交易对手的纳税人身份，同时还会受到交易标的（是否为保税料件）与交易地点（是否属于具有出口退税功能的特殊监管区域）的影响，需要根据企业每笔交易的具体情况来判定。

下面以综试区内跨境电商企业甲公司保税购进相关设备零件，组装形成相关设备后销售给区内一般纳税人试点企业乙公司为例进行说明。

【案例 2-7】

如果甲公司未选择参加一般纳税人试点，则甲公司销售给乙公司的设备成品不需要缴纳增值税；而一旦成为一般纳税人试点企业，依据 29 号公告的规定，甲公司则需缴纳增值税。由于甲公司购进的货物处于保税状态，没有足够的进项发票用于抵扣，因此参加试点后，甲公司的税负将明显增加。具体如图 2-1 所示。

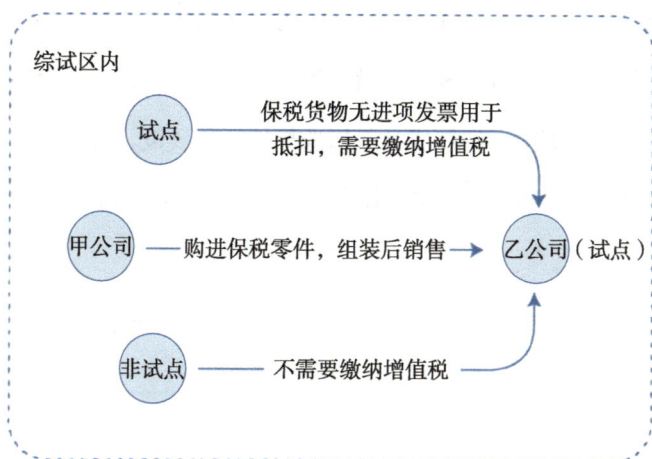

图 2-1　一般纳税人试点前后的税负变化

再如，甲公司的主要客户丙公司从事来料加工等业务，该公司位于综试区外的其他保税区或不具备退税功能的保税监管场所。甲公司向丙公司销售货物，在试点前是保税的，不需要缴纳增值税；试点后，按 29 号公告的规定，甲公司需要缴纳增值税。由于丙公司享受免税政策，并不需要甲公司提供增值税专用发票，因此甲公司的交易成本会毫无意义地增加。具体如图 2-2 所示。

需要注意的是，在参加试点前，综试区内企业可以享受选择性征税待遇。在参加试点后，综试区内企业必须按照保税货物进入海关特殊监管区域时的状态向海关申报缴纳进口税款，同时须按照规定补缴缓税利息。保税货物折算为料件征税，就无法再按照成品适用选择性征税政策。这一变化会对进口料件和成品税率差较大的企业产生重要影响。

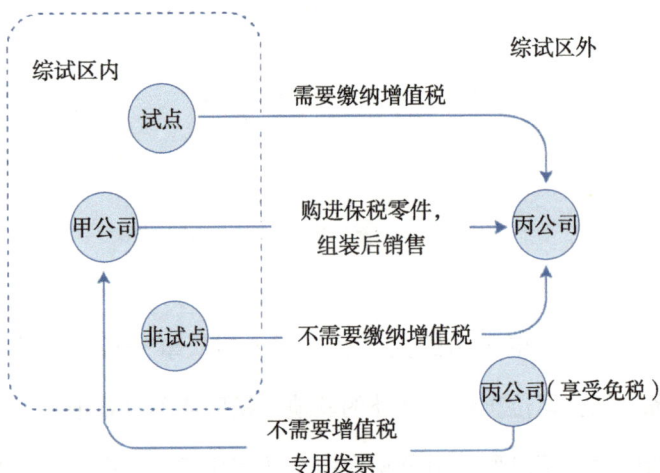

图 2-2　综试区外客户增值税成本的影响

2. "一件代发"的走私风险

涉及货物进出口的交易，如果未依法申报或逃避海关监管，可能具备走私行为的特征。跨境电商中的"一件代发"作为一种新兴商业模式，其合法性取决于是否遵守海关监管规定。如果"一件代发"过程中存在逃避海关监管、未依法申报或偷逃税款等行为，则可能构成走私罪。

所谓"一件代发"，是指经营者作为中间商，无须投入大量资金，根据消费订单向供应商采购商品并直接发货给消费者，从中赚取差价的行为。例如，某人在淘宝设立了一个卖白酒的店铺，按照正常的经营思路，其需要先大量进货，消费者下单后，再联系快递公司发货。但白酒价格高，垫资的压力大，同时该店铺很难吸引消费者的注意，消费者对白酒的真伪也存在质疑。而在"一件代发"模式下，假设该白酒品牌也参加了淘宝联盟，店家就不需要事先进货了。消费者先向店家下单，店家收款后再向酒业公司下单（其中存在差价），并告知消费者的收货地址，酒业公司直接向消费者发货。在这个过程中，店家可以赚取一些利润和佣金。这种模式在国内一般交易或出口交易中通常不涉及走私风险，但在进口交易中，可能隐藏走私风险。

进口交易中"一件代发"的走私风险，与跨境电商零售进口税收优惠政策息息相关。

财关税〔2016〕18号文第三条规定："跨境电子商务零售进口商品的单次交易限值为人民币2 000元，个人年度交易限值为人民币 20 000 元。在限值以内进口的跨境电子商务零售进口商品，关税税率暂设为 0%；进口环节增值税、消费税取消免征税额，暂按法定应纳税额的 70% 征收。超过单次限值、累加后超过个人年度限值的单次交易，以及完税价格超过 2 000 元限值的单个不可分割商品，均按照一般贸易方式全额征税。"

财关税〔2018〕49 号文规定："一、将跨境电子商务零售进口商品的单次交易限值由人民币 2 000 元提高至 5 000 元，年度交易限值由人民币 20 000 元提高至 26 000 元。二、完税价格超过 5 000 元单次交易限值但低于 26 000 元年度交易限值，且订单下仅一件商品时，可以自跨境电商零售渠道进口，按照货物税率全额征收关税和进口环节增值税、消费税，交易额计入年度交易总额，但年度交易总额超过年度交易限值的，应按一般贸易管理。"

我们以某品牌吸尘器为例，在进口环节，一台完税价格为 4 000 元的吸尘器，在跨境电商模式下，关税为零，增值税为 364（4 000×13%×70%）元。如果不符合跨境电商模式，则根据通关方式的不同，实际产生的税款是不同的，具体如下所述。

（1）以行邮方式通关，根据《国务院关税税则委员会关于公布〈进境物品关税、增值税、消费税征收办法〉的公告》（税委会公告 2024 年第 11 号）的规定，吸尘器的进口物品税率（行邮税）为 20%，一台吸尘器要缴纳 800（4 000×20%）元的税款。

（2）以一般贸易方式申报进境，吸尘器的关税最惠国税率为 8%，增值税税率为 13%，一台吸尘器要缴纳 320 元关税和 561.6（4 320×13%）元增值税，累计税款 881.6 元。

经过对上述应缴纳税款的比较，一台价值 4 000 元的吸尘器，通过跨境电商方式进口，至少可以少缴税款 436 元。这部分少缴的税款，在符合跨境电商政策时属于节税；在不符合政策时，则可能构成走私罪中的偷逃税款行为。需要注意的是，跨境电商进口中的"一件代发"模式并不符合跨境电商政策。主要原因在于，"一件代发"在消费者和跨境电商经营企业之间增加了上述销售白酒案例中的淘宝店铺（中间商），跨境电商中本应由消费者享受的税收优惠政策被淘宝店铺经营者享受了，这直接违背了跨境电商制度设计的初衷。

《商务部 发展改革委 财政部 海关总署 税务总局 市场监管总局关于完善跨境电子商务零售进口监管有关工作的通知》（商财发〔2018〕486号）规定：

"本通知所称跨境电商零售进口，是指中国境内消费者通过跨境电商第三方平台经营者自境外购买商品，并通过'网购保税进口'（海关监管方式代码1210）或'直购进口'（海关监管方式代码9610）运递进境的消费行为。上述商品应符合以下条件：

（一）属于《跨境电子商务零售进口商品清单》内、限于个人自用并满足跨境电商零售进口税收政策规定的条件；

（二）通过与海关联网的电子商务交易平台交易，能够实现交易、支付、物流电子信息'三单'比对；

（三）未通过与海关联网的电子商务交易平台交易，但进出境快件运营人、邮政企业能够接受相关电商企业、支付企业的委托，承诺承担相应法律责任，向海关传输交易、支付等电子信息。"

消费者从淘宝商铺下单，以"一件代发"的方式，由境外卖家直接向消费者发货，已不再是企业对消费者即

B2C 模式，而是变成了境外卖家与淘宝店铺之间的 B2B
模式。这种模式可能导致与一般贸易经营者之间的不公平
竞争，同时也不符合跨境电商零售进口的税收优惠政策。
由于这种操作方式可能规避了应缴纳的进口税，客观上造
成了国家税款的流失。如果规模较大，这种行为可能构成
走私。

最后需要强调的是，在进口交易中，跨境电商一直强
调 B2C 模式。而在出口中交易中，既可以是 B2C 模式，
也可以是 B2B 模式。由于出口交易不涉及税收优惠问题，
且不存在与国内产业直接竞争的可能性，因此国家政策对
出口交易的监管相对宽松。总之，跨境电商进口中"一件
代发"存在走私风险，跨境电商从业者对此要有清醒的
认识。

3. 国内买主须留意的三个走私高危信号

在跨境电商走私案件中，除了直接参与走私的人员和
企业，有些国内购货的买主也因此锒铛入狱。要构成犯
罪，必须具备明知是走私货物仍购买的主观故意。然而，
这种主观故意的真伪往往难以判断，有些人可能确实毫不
知情，有些人则知情。相较于事发后的辩护，事前的预防

显然更为重要。那么，如何识别所购货物是否为跨境电商的走私货物呢？其实还是有一些迹象可循的。当交易中出现下面所描述的情形时，国内买主务必谨慎判断货物来源的合法性。

情形一：货物非原包装，或者货物单品上残留有快递单证或撕毁的痕迹。

在跨境电商走私活动中，走私分子通常采用"化整为零、再集零为整"的方式，通过伪报交易性质来逃避海关监管。在"化整为零"的过程中，他们往往会粘贴虚假的快递单证，以伪造物流信息，从而形成虚假的"三单对碰"数据以欺骗海关。通关后，走私分子会撕掉这些虚假的快递单证，将分散的小包裹重新整合，交付给国内买主。因此，国内买主在收货时，如果发现外包装并非原包装，或者货物单品上残留有快递单证或撕毁的痕迹，就需要提高警惕，其很可能是通过跨境电商渠道走私的货物。

情形二：要求买方提供大量个人身份证等信息。

这个要求让人感到疑惑。买货付钱就行了，为什么买方还要向卖方提供大量个人身份证等信息呢？这就是跨境电商最典型的"刷单"手法。走私分子为了伪报贸易性质，需要将一般贸易的货物拆分到大量的个人名下。如果重复使用少数人的身份信息或虚假信息，容易被海关的风控系统捕捉到，所以卖方可能会要求买方提供员工、亲属等真实身份信息，以规避海关监管。

情形三：要求个人私账转款。

走私分子为逃避监管，常将一个集装箱的商品全部拆分为单个商品，贸易单证上体现的都是单个的消费者订单，这时走私分子是无法通过公账收款的。为了收到款项，走私分子就会要求买方通过个人银行账户打款。

除了以上三种情形，还有一种情形需要国内买主提高警惕，即有些走私分子为了证明自己的货物没有逃税，会向国内买主出示税单。这时国内买主会觉得货物已依法缴税，没有什么好担心的。实际上，这是一种极大的误解，看到税单不等于没有问题，跨境电商走私分子也可能会缴税，但会少缴。因此，税单本身并不能证明货物来源的合法性。

总之，国内买主如果明知自己买的是进口商品，交易过程中又出现了上述情形，那就要注意交易的合法性，切勿因疏忽而卷入非法交易。

4. 社区电商的走私风险

电商分为两种：跨境电商和非跨境电商。二者有很多相通之处，但也存在着显著区别，这导致跨境电商和非跨境电商面临截然不同的监管环境与经营风险。以社区电商为例，非跨境社区电商最大的风险隐患在于可能陷入传销模式，而跨境社区电商则面临着走私风险。对此，社区电商经营者应当理解其中的差异，千万不能把跨境电商生意当作普通的电商生意来做。

【案例 2-8】

马女士开了一家婴幼儿用品商店，吸引了周边的一些居民到店里买东西。刚开始，该店经营的都是国产品牌，后来有些居民希望马女士能卖一些进口产品。马女士也觉得这是一个赚钱的好机会，便开始通过微信朋友圈、抖音、店招等方式，让周围居民来店里登记身份信息、预订商品，然后马女士在跨境电商平台统一下单，收货地址均为马女士的店铺。货到后，马女士再通知订货的居民到店提货。

这种跨境社区电商的经营模式暗藏走私风险。根据相关规定，跨境电商的货物仅限居民个人自用，严禁二次销售。在上述案例中，唯有马女士的店铺性质是非营利性，在整个跨境交易流程中不存在任何利差，即纯粹以代办形式运作，才能够适用代理法律制度。但事实上，马女士经营店铺的初衷就是盈利，每单会根据情况加价，少则2元，多则20元。而且还存在用李某身份证下单后，李某放弃购买，马女士便将货物转卖给张某这类情况。长此以往，随着业务规模不断扩大，从法律层面来看，马女士极有可能被认定为二次销售跨境电商物品的经营者，其行为或被视作通过"化整为零"的手段走私进口本应按照一般贸易方式进口的货物。

当然，针对这个案例，业界存在不同观点和争议。但不可否认的是，走私风险确实客观存在。因此，电商从业人员务必高度重视此类风险，谨慎规范自身经营行为。

5. 跨境电商 B2B 出口企业应当重视的合规问题

根据《海关总署公告 2021 年第 47 号（关于在全国海关复制推广跨境电子商务企业对企业出口监管试点的公告）》的规定，自 2021 年 7 月 1 日起，跨境电商 B2B 出口监管试点在全国范围内复制推广。相关跨境电商 B2B 出口企业在用好、用足政策利好的同时，也要严格遵守监管要求，确保合规经营。

（1）办理海关登记备案手续

跨境电商企业、跨境电商平台企业及物流企业等参与跨境电商 B2B 出口业务的境内企业，应当依据海关报关单位注册登记管理有关规定，向所在地海关办理注册登记。不同类型的企业，应当根据自身的企业类型办理海关登记备案手续。

开展出口海外仓业务的跨境电商企业，还应当在海关开展出口海外仓业务模式备案，提交备案表，向海关如实披露海外仓的基本情况，如是租用还是自购、位置、面积、仓储条件等。

（2）在日常业务中接受海关通关管理

① 数据同步共享。跨境电商企业或其委托的代理报关企业，以及境内跨境电商平台企业、物流企业，应当通过国际贸易"单一窗口"或"互联网＋海关"向海关提交申报数据、传输电子信息，同时对数据的真实性承担相应法律责任。

②　符合检验检疫要求。跨境电商出口商品代表着中国制造的质量水平和国际形象，相关企业应确保 B2B 出口货物符合检验检疫相关规定，不符合检验检疫要求的商品不得出口。

（3）业务类型不受清单限制

跨境电商 B2B 出口业务与跨境电商进口业务不同，并不实施清单管理。在跨境电商进口业务中，商品交易范围严格限定于正面清单所列商品；而在 B2B 出口业务中，除法律法规明确禁止的商品外，其余商品均可开展跨境交易。通过大力发展跨境电商 B2B 出口业务，有助于缓解传统一般贸易模式面临的挑战，为中国外贸行业注入新的发展动能。

（4）应注意的问题

①在海关方面

A. 境内

跨境电商企业必须了解不同监管代码的准确含义，以便在商业活动中做出取舍。如前所述，跨境电商领域主要采用五种海关监管方式代码，其中"9710""9810"适用于出口业务，分别代表"跨境电子商务企业对企业直接出口""跨境电子商务出口海外仓"。

首先，在监管方式的选择上，企业应明确业务方向。海关总署对跨境电商出口业务的政策支持力度较大，企业采用"9710"或"9810"监管方式，可以享受多项便利化措施。例如，在海关查验环节，采用上述监管方式代码的B2B出口货物可享受优先查验待遇。

其次，企业需建立完善的退货应对机制。尽管所有企业都希望商品畅销，但在跨境电商出口业务中，由于滞销等原因，退货情况难以避免。对于退货，海关有严格的监管要求。根据《海关总署公告2020年第44号（关于全面推广跨境电子商务出口商品退货监管措施有关事宜的公告）》的规定，跨境电商出口商品的退货须满足两个核心监管要求：一是企业应当建立退货商品流程监控体系，保证退货商品为原出口商品，并承担相关法律责任；二是跨境电子商务出口退货商品可单独运回也可批量运回，退货商品应在出口放行之日起1年内退运进境。因此，企业在海外经营时，在促销的同时要加强货物的溯源监管。对于货物出口放行临近1年还没有售出的，可以考虑启动退货程序，通过出口转内销来降低自身的损失。

B. 境外

首先，出口企业应关注进口国检验检疫要求。很多国外的认证机构在我国设有代表处或授权中国认证机构实施，出口企业可以联系这些机构了解具体的认证要求。

其次，出口企业要熟悉进口国的海关监管要求。以美国为例，出口企业需要特别关注美国海关和边境保护局（CBP）的担保要求，即美国海关事务担保（CBP Bonds）。美国海关事务担保一般由担保人（多为金融机构）为海关事务主体（一般为参与跨境供应链的各主体，如进口人、报关代理人、国际承运人、对外贸易区经营人等）向海关提交。如果为商业目的而进口到美国的货物价值超过2 500美元，或者属于其他联邦机构实施管理要求的商品（如枪支或食品），则必须提供海关事务担保。海关事务担保的目的是在贸易（税收）安全和贸易便利化之间取得平衡，它既能保证海关税费足额征收，也不影响商界的通关速度与便利。因此，出口企业应当熟悉进口国的海关监管要求，提前做好相应安排。

②在税务方面

在增值税方面，出口企业应当用足出口退税政策。《财

政部 税务总局关于明确国有农用地出租等增值税政策的公告》（财政部 税务总局公告 2020 年第 2 号）第四条规定："纳税人出口货物劳务、发生跨境应税行为，未在规定期限内申报出口退（免）税或者开具《代理出口货物证明》的，在收齐退（免）税凭证及相关电子信息后，即可申报办理出口退（免）税；未在规定期限内收汇或者办理不能收汇手续的，在收汇或者办理不能收汇手续后，即可申报办理退（免）税。"

在企业所得税方面，出口企业应当用足企业所得税核定征收政策。如前所述，综试区内核定征收的跨境电商企业应准确核算收入总额，并采用应税所得率方式核定企业所得税。应税所得率统一按照 4% 确定。同时，核定征收与小型微利企业的税收优惠政策可以叠加适用。

根据《财政部 税务总局关于小微企业和个体工商户所得税优惠政策的公告》（财政部 税务总局公告 2023 年第 6 号）、《财政部 税务总局关于进一步实施小微企业所得税优惠政策的公告》（财政部 税务总局公告 2022 年第 13 号）和《财政部 税务总局关于进一步支持小微企业和个体工商户发展有关税费政策的公告》（财政部 税务总局公告 2023 年第 12 号），2027 年 12 月 31 日前，对小型微利企业年应纳税所得额不超过 300 万元的部分，减按 25% 计入应纳税所得额，按 20% 的税率缴纳企业所得税。

③在外汇管理方面

2020 年 8 月 31 日，国家外汇管理局发布《经常项目外汇业务指引（2020 年版）》（以下简称《指引》），对 2020 年 5 月 20 日实施的《国家外汇管理局关于支持贸易新业态发展的通知》（汇发〔2020〕11 号）进行了补充和完善，进一步便利了跨境电商行业的外汇收支管理。《指引》对以下两点做出了明确。

一是对"小微跨境电商企业"豁免货物贸易名录登记，即"对年度货物贸易收汇或付汇累计金额低于等值 20 万美元（不含）的小微跨境电商企业，可免于办理名录登记"。在外汇管理上，这属于一个比较大的突破，货物贸易也可以有条件地不适用名录登记管理，减轻了小微跨境电商企业的合规负担和运营成本。

二是强调跨境电商企业出口享有轧差结汇的权利，即"从事跨境电子商务的企业可将出口货物在境外发生的仓储、物流、税收等费用与出口货款轧差结算，并按规定办理实际收付数据和还原数据申报。跨境电子商务企业出口至海外仓销售的货物，汇回的实际销售收入可与相应货物的出口报关金额不一致。跨境电子商务企业按现行货物贸易外汇管理规定报送外汇业务报告"。

6. 货物综保区内流转后再行销售是否合规

《中华人民共和国海关综合保税区管理办法》（以下简称《海关综合保税区管理办法》）对跨境电商的经营类型作出了明确规定，其中第二十六条注明："综合保税区内货物可以自由流转。区内企业转让、转移货物的，双方企业应当及时向海关报送转让、转移货物的品名、数量、金额等电子数据信息。"

跨境电商货物作为保税货物的一种，是否可以在综合保税区（以下简称综保区）内不同的企业之间流转，最终以"1210"跨境电商税率出区内销呢？答案是不可以。因为这又是一种颠覆海关跨境电商监管模式的商业操作，违反了跨境电商监管规定。

从销售主体来看，"1210"模式下的跨境电商进口及销售业务，其经营主体必须是境外注册的企业，综保区内的企业只能扮演境内服务商的角色。

根据商财发〔2018〕486号文的规定，跨境电商零售进口的参与主体主要包括跨境电商零售进口经营者（跨境电商企业）、境内服务商、跨境电商平台、消费者。其中，跨境电商零售进口经营者，指自境外向境内消费者销售跨境电商零售进口商品的境外注册企业，为商品的货权所有人；境内服务商，指在境内办理工商登记，接受跨境电商企业委托为其提供申报、支付、物流、仓储等服务，具有相应运营资质，直接向海关提供有关支付、物流和仓储信息，接受海关、市场监管等部门后续监管，承担相应责任的主体。

在跨境电商零售进口业务中，谁应该扮演什么样的角色，承担什么样的风险等，商财发〔2018〕486号文均作出了明确界定。非境外注册的综保区内企业无权通过买卖方式赚取差价。在商品售出前，所有权及风险均归属于境外注册企业。企业间关于所有权与风险的约定不得与商财发〔2018〕486号文相冲突。若存在冲突，即使商财发〔2018〕486号文不影响合同效力，也会改变交易性质，导致相关交易不被认定为合法的跨境电商经营活动。

从更深层次来看，商财发〔2018〕486号文的规定必须得到严格执行。否则，综保区内不同类型的保税货物之间的屏障将消失，跨境电商货物与普通保税货物将混为一谈，跨境电商优惠政策将被滥用，一般贸易将受到严重的冲击。另外，这种区内转让跨境电商商品的行为，还有可能导致订单、支付单、物流单无法实现"三单对碰"。"三单对碰"是海关对跨境电商监管的核心要求，是不可逾越的红线。

总之，综保区内企业不管有多少商业上的正当理由，以跨境电商之名开展的经营活动，都必须具备跨境电商之实，遵守跨境电商的监管规定。否则，可能会导致整个跨境电商监管体系的混乱，引发市场秩序失衡。

7. 买断货权后以跨境电商模式销售是否合规

在"1210"保税模式下，有些商家会把做内贸的经验搬到综保区的跨境电商经营上，不断试探海关的监管底线。例如，经过跨境电商备案的境内企业买断境外企业的货物所有权，然后按照"1210"申报出区，缴纳税款。不符合跨境电商的监管要求，却享受了跨境电商的优惠税率，这种行为是违规的，会直接造成国家税款损失。

海关总署公告 2018 年第 194 号第八条第（三十一）

项规定："'跨境电子商务企业'是指自境外向境内消费者销售跨境电子商务零售进口商品的境外注册企业（不包括在海关特殊监管区域或保税物流中心内注册的企业），或者境内向境外消费者销售跨境电子商务零售出口商品的企业，为商品的货权所有人。"

许多在综保区内取得跨境电商备案的企业，其备案身份仅适用于出口业务，而在"1210"保税进口业务中，由于这些企业并非境外注册企业，因此并未取得相应的经营资格。然而，部分企业在实际操作中可能未对交易方向进行明确区分，混用其备案身份，将出口业务的备案身份错误地用于进口业务。而从上述文件的规定可以看出，综保区内企业通过买断货权后以"1210"保税模式进行跨境电商进口的行为，完全不符合跨境电商的监管规则。跨境电商与一般贸易之间的税差，就是国家的税款损失，当这种行为涉及的数额达到一定程度时，就可能被认定为走私。

从政策层面来看，国家对跨境电商进口的管理是基于多方面的考量。

首先，跨境电商的定位是一般贸易的补充，而非替代。其发展规模并非越大越好，适度发展有助于满足居民多样化的生活需求，同时避免对一般贸易造成过度影响。这也是为什么跨境电商进口主要以零售模式为主，而出口则允许 B2B 模式的存在。

其次，规定跨境电商零售进口经营者必须是境外注册企业，并作为商品的货权所有人，是为了防止在进口环节形成实质上的 B2B 企业对企业模式。这种设计旨在控制跨境电商进口的规模，避免其过度膨胀，从而维护一般贸易的健康发展。

对于企业而言，无论是否完全理解这些政策的深层逻辑，都必须严格执行相关规定。合规经营是企业的基本义务，也是行业健康发展的基石。

8. 定向折扣引发的法律责任

跨境电商购物中也存在一些猫腻，例如，有些商家会在销售页面上标注"赠品勿拍"或"残次品慎拍"等字眼，虽然商品绑定了保税料号，实际上却通过低价销售（如原价 100 元的蛋白粉以 0.18 元成交）的方式进行定向折扣交易。这种交易通常只有内部人员（如综保区内企业员工、高管的亲戚或熟人等）才能参与，普通消费者往往会被这些警示标语劝退。"赠品勿拍"或"残次品慎拍"

的标注，表面上看似提醒消费者，实则是为了规避监管。在海关法上，这种定向折扣可能会引发严重的法律后果。

根据跨境电商政策，跨境电商商品打折必须是普惠制的，即必须面向大众消费者。每一个消费者都应享有平等获得折扣的机会，而不能仅针对特定的消费者。上述商家给商品标注"赠品勿拍"或"残次品慎拍"进行低价销售的行为，实际上欺骗了不知情的普通消费者，剥夺了他们的购买机会。

这种定向折扣不仅欺骗了消费者，也欺骗了海关。海关如果不比对销售网页和申报清单，往往很难发现 0.18 元形成的真实原因。在海关要求提供销售网页时，有的企业选择不提供（可能真没有），有的企业则临时新建一个（商品删除"赠品勿拍"或者"残次品慎拍"的字眼，真的以 0.18 元标价），但普通消费者下单后能否收到货物，就很难说了。

最终，这种定向折扣欺骗的还是企业自己，轻则被海关锁定货号，重则被移送缉私局，因为这种定向折扣本质上是一种刷单行为。定向折扣商品出综保区时并未产生额外的利润，企业若想从中获利，只能在商品出综保区后进行二次销售，而这必然演变为刷单走私行为。这种行为的后果极其严重：货"刷"出来了，人却可能"刷"进去了。企业不仅面临货物被查扣、罚款等经济损失，相关人员甚至可能被追究刑事责任。

9. "三单对碰"中支付信息的完善建议

三单信息是海关公告中的交易信息、支付信息、物流信息。所谓"三单对碰"，就是要求交易信息、支付信息、物流信息能够相互匹配、相互印证，从而证明跨境电商经营的真实性、合法性。

（1）"三单对碰"是海关对跨境电商运营进行监管最基本的要求

《海关总署公告 2014 年第 12 号（关于增列海关监管方式代码的公告）》第二条规定："以'9610'海关监管方式开展电子商务零售进出口业务的电子商务企业、监管场所经营企业、支付企业和物流企业应当按照规定向海关备案，并通过电子商务通关服务平台实时向电子商务通关管理平台传送交易、支付、仓储和物流等数据。"

《海关总署公告 2014 年第 57 号（关于增列海关监管方式代码的公告）》第二条规定："以'1210'海关监管

方式开展跨境贸易电子商务零售进出口业务的电子商务企业、海关特殊监管区域或保税监管场所内跨境贸易电子商务经营企业、支付企业和物流企业应当按照规定向海关备案，并通过电子商务平台实时传送交易、支付、仓储和物流等数据。"

（2）支付信息："三单对碰"中最可靠的"安全锁"

在三单信息中，交易信息、支付信息、物流信息的重要性是不同的，作伪的难易程度也不同。根据走私案件的供述和实际案例分析，支付信息在三单中是最难突破的环节。

以下是针对广州白云机场海关缉私局侦办的陈某铭、陈某斌走私普通货物、物品案以及广州志都供应链管理有限公司等走私普通货物、物品案，法院在相关刑事裁定书与判决书中引用的关键证言。

在广东省高级人民法院（2018）粤刑终228号陈某铭、陈某斌走私普通货物、物品罪二审刑事裁定书中，易宝广东公司销售经理的部分证言为："……真实支付是客户在电商平台上下订单支付，选择支付方式付款后资金到达我司账户，次日我司付给商户，而丰盛环球公司的虚假支付没有真实客户支付环节，而是丰盛环球公司代客支付，但丰盛环球公司批量代付无法逐笔还原，我司在合作过程中曾验证过客户信息，发现有30%多的信息是不正确的，我司认为不妥，就慢慢终止了合作。后在合作过程中我司系统加设了客户实名认证，他的信息无法通过，我们就终止了合作……"

在广东省广州市中级人民法院（2016）粤01刑初452号广州志都供应链管理有限公司等走私普通货物、物品案一审刑事判决书中，证人黄某的部分证言为："……8月，我在和刘某某聊天时，她跟我说，可以在百度网上搜索到很多人的身份信息，再后来她又说这些身份信息很多都是虚假的，因为这些身份信息都不能在支付平台上支付……"证人马某的部分证言为："……他公司会把整批货物的购买款统一打给我司，我司按照他们提供的订单和购买、收货信息进行支付，生成每笔支付信息，款到了就生成已支付信息，然后由他们通过我们的平台把已生成的支付信息推送给海关……"

海关总署高度重视支付信息的真实性审核，并将其作为监管的关键抓手。海关总署公告2018年第179号和海关总署公告 2018 年第 165 号均规定参与跨境电子商务零售进口业务的跨境电商平台企业，必须向海关开放支付相关原始数据，供海关验核。这些数据包括订单号、商品名称、交易金额、币制、收款人信息、商品展示链接地址、支付交易流水号、验核机构、交易成功时间，以及海关认为必要的其他数据。

总体来说，建立快速、准确的"李逵"与"李鬼"识别机制，能够有效遏制跨境电商走私行为，同时为合法经营企业创造公平竞争的环境，促进行业健康发展。

第 3 章

大宗商品

大宗商品贸易中的涉税风险与合规管理是进出口企业的核心关注点。本章聚焦废钢、棉花、水果、白糖四类大宗商品的走私风险与税款计核问题，深入剖析"包通关"模式隐患、滑准税适用条件、价格申报困境及税率适用规则等实务难点。通过对典型案例的解读，揭示不同商品在税则归类、计税价格确定、税率适用等方面的特殊性，为企业在复杂贸易环境下规避法律风险、完善合规体系提供专业指引，尤其针对加工贸易、特殊监管区域等业务场景下的税收征管要点作出重点提示。

3.1 "包通关"模式下废钢出口的税款计核

近年来，有些原本专注于内贸的废钢经营企业开始转向外贸，试图通过出口消化国内低价废钢资源。然而，外贸业务涉及复杂的流程和专业知识，对于初涉外贸的企业来说，短时间内掌握相关知识并非易事。为此，"包通关"模式应运而生。在这种模式下，内贸企业与外贸合作伙伴达成协议，以固定价格（如每吨500元）为基础，由外贸方提供从出口到通关的全程服务。外贸流程因此被简化为仅需称重并按重量结算，内贸企业则当起了"甩手掌柜"，殊不知，这会给内贸企业带来极大的法律风险。

1. "包通关"模式蕴藏的走私风险

（1）风险解析

"包通关"模式的一个显著风险在于，交易链条中的各方往往只关注出口货物即废钢的重量，而忽视了废钢的具体属性。例如，源头出口企业与外贸伙伴按废钢重量结算，外贸伙伴再将业务分包出去，分包伙伴再按照废钢重量和船公司结算。在这一过程中，货物的成分、碳含量水平，甚至是否为废铁或废钢等重要信息均未核实，整个交易便已结束。这种对货物细节的忽视可能导致潜在的合规问题。

另一个风险在于，"包通关"模式类似于建筑工程中的层层分包。例如，货主企业将废钢以每吨 500 元的价格委托一级外贸伙伴，后者再以每吨 400 元的价格转包给二级外贸伙伴，最终可能仅有 200 元用于缴纳关税。为了最大化利润，业务链末端的企业可能存在低报价格或重量的情况。对于源头货主企业而言，一旦选择"包通关"模式，便失去了对货物的实际控制权。货物由谁出口、如何申报、缴纳了多少税款等信息均难以追踪。尽管在未发生问题时，货主企业可能对此并不在意，但潜在的法律和合规风险却不容忽视。

（2）走私"脸谱"

每个执法领域，都会有很多固定的高风险"脸谱"，只要出现了这些"脸谱"化的做法，执法机关通常会进行违规推定，至于是不是确实违规，要调查之后再确认。"包通关"就是反走私执法当中的一个重要脸谱。

判定是否构成走私的核心在于货物出口时是否存在偷逃税款的行为。无论源头货主企业与外贸伙伴之间的发包价格是多少，只要最终国家收到的税款低于应缴金额，就可能被认定为走私。如果源头货主企业支付的发包价格明显低于出口货物的应缴关税，则有可能直接推断出走私的故意。

对于源头货主企业来说，最大的风险在于一旦货物出手，就可能对后面所有人的违法行为承担连带责任。无论源头货主企业支付了多少费用（如每吨废钢500元），最终国家实际收到的税款金额将直接归因于源头企业。如果后续环节仅缴纳了 100 元税款，则视为源头企业仅缴纳了 100 元税款；如果未缴纳税款，则视为源头企业未履行纳税义务。

因此，那些急于通过"包通关"模式快速转型外贸的内贸企业，应当谨慎评估其中的风险。尽管这种模式简化了操作流程，但其潜在的法律和合规隐患不容忽视。

2.税则归类对税率的影响

出口废钢走私与进口走私最大的区别在于，案发时货物大概率已经在境外，难以找到现货用于分析化验。在这种情况下，基于疑罪从无、疑罪从轻的法治理念，税则归类及税款计核应格外审慎。

按规定，只有归入品目 7204 的货物才应当计征 40% 的出口关税。而是否归入 7204，税则有着严格的判断条件，必须确定归类要素后才能做出准确的判断。对于没有其他证据印证的情况下，应当从低适用 0% 的出口税率。

（1）正面规定

适用 40% 的出口关税税率的废钢货物如下。

子目 72041000：仅包括"铸铁废碎料"，如铸造后产生的料头等。

子目 72042000：仅包括"合金钢废碎料"，在这个子目项下又包括"不锈钢废碎料"和"其他合金钢废碎料"，废料来源包括得就更广了。

子目 72043000：仅包括"镀锡钢铁废碎料"，如废罐头盒的废料。

子目 72044000：仅包括除"铸铁废碎料""合金钢废碎料"和"镀锡钢铁废碎料"以外的"其他废碎料"，在这个子目项下又分为"车、刨、铣、磨、锯、锉、剪、冲加工过程中产生的废料"和"其他"。

（2）排除规定

7204 品目不包括可以再按原用途使用或适于作其他用途使用的钢铁制品，无论是否需经修补或改造；也不包括那些不需先经回收金属即可改作其他物品的钢铁制品。例如，更换坏零件后仍可使用的钢制构件，可用作矿柱或通过重轧改作他用的废旧铁路道轨，经过擦亮磨刃后仍可使用的钢锉等。

总之，企业在出口废钢时，应严格遵守海关法规，确保税则归类准确，申报信息真实完整，避免因归类不当引发法律风险。

3. 一般贸易与加工贸易海关监管的差异

做内贸的废钢经营者通常只关注废钢本身，而忽略了进出口监管条件的差异。废钢经营者通常只关注一般贸易和加工贸易在货源和提货地点上的差异，而不会深究两者的具体区别。例如，当废钢经营者从加工贸易企业购进保税的边角料并以一般贸易出口时，可能并未意识到这种行为已经违反了海关的监管规定，非法处置了保税料件。然而，是否构成走私犯罪或是否存在偷逃税款的行为，需根据具体事实和法律规定进行综合判断，可能存在一定的争议。

【案例 3-1】

"宋某璋被控走私普通货物案"是一个较为典型的因伪报交易方式（低报货物价值、不如实报关）但未被高级人民法院认定为走私犯罪的案例（出自《刑事审判参考》总第 35 期第 267 号）。以下是北京市高级人民法院针对该案审理后作出的裁定：

"被告人宋某璋在为中油管道物资装备总公司代理转口业务过程中，擅自采取低报货物价值的违法手段，但现有证据不能证明被告单位中海贸经济贸易开发公司的法定代表人及其他主要领导参与预谋，指使或允许宋某璋使用违法手段为单位谋取利益。被告人宋某璋在为他人代理转口业务过程中，低报货物价值，不如实报关的行为属违法行为，依海关有关规定，货物转口对国家不产生税赋，宋某璋缴纳的税款按有关规定不产生退税，抗诉机关提供的证据亦不能证实宋某璋不如实报关的违法行为可获取非法利益。原审法院根据本案具体情节，对被告单位中海贸经济贸易开发公司和被告人宋某璋所作的无罪判决，适用法律正确，审判程序合法，应予维持。故依据《中华人民共和国刑事诉讼法》第一百八十九条第（一）项的规定，裁定如下：

驳回北京市人民检察院第二分院的抗诉，维持原判。"

参照上述案件，加工贸易项下本可依据相关规定免税退运的边角料，被加工贸易经营单位出售给废钢经营者，后者以一般贸易方式将货物销售至境外。尽管存在将加工贸易货物伪报为一般贸易货物的行为，但加工贸易退运货物本身不产生税负，且以一般贸易方式出口实际多缴了税款，未造成国家税款损失。因此，此部分出口的废钢不应作为走私犯罪处理。

4.税款计核的注意事项

税款计核是废钢走私案件审理中的关键环节，涉及废钢分类、毛重与净重、费用排除、查验审价、税则号列确定等多个方面。准确计核税款不仅需要严格遵循法律法规，还需充分考虑实际操作中的细节和差异。

（1）废钢的价格差异

废钢根据品种与型号不同，交易价格也不同。即使同一个品种，质量不同，价格也会有很大差异。通常大家在买车询价时，很容易理解低配版和顶配版是有很大区别的，但是到了废钢交易定价时，却往往忽略具体的差异。即使废钢都是"废"的，在交易中也分等级。

在废钢交易中，大类可以分为纯一、纯二、重一、重二、炉一、炉二、剪中、中废、机一、机二、小废、统废、薄料等13个交易品种。具体到统废的废钢压块，又可以分为8个子品种。同为废钢，价格相差悬殊。例如，废钢中的"炉一""废钢压块 8"的价格差异显著，这种价格差异直接影响税款的计核。

（2）毛重等于净重对税款计核的影响

集装箱出口时，如果出口报关单上毛重等于净重，一般有两种可能：一是空箱出口，里面没有装任何货物；二是集装箱被当作货物的一部分进行了申报。

例如，一个 20 英尺（6.096 米，下同）的集装箱，自重 2~2.3 吨，大约能够装载 25 吨的货物。当按照每个集装箱 25~30 吨申报时，空箱的可能性被排除。这时候只剩下第二种可能，集装箱被当作货物的一部分进行了申报，并缴纳了税款。

集装箱被当作货物的一部分进行申报，对于废钢出口来说，有着重要的影响，如果废钢被归入 7204，需要缴纳 40% 的出口关税。对于不涉税的货物，此类行为可能仅影响海关统计的准确性；但对于废钢这种涉税货物，就可能构成走私，被当作走私犯罪处理。

假定出口的废钢申报价格为 1 000 元 / 吨，海关计核的价格为 2 000 元 / 吨；一个 20 英尺的集装箱自重 2 吨，毛重和净重均申报为 22 吨。把这样一个集装箱错误计入货物的重量，就意味着多计核了 2 吨的废钢重量，多缴纳了 800（1 000×2×40%）元税款；同时，海关核定的应缴纳税款多计核金额为 800 [（2 000-1 000）×2×40%] 元。这样一进一出，每吨废钢在计核逃税金额时就会产生 1 600 元的误差。若废钢出口涉及上千甚至数千个集装箱，累计起来的税款差额可能是惊人的。

（3）海关布控查验对税款计核的影响

出口企业常因海关布控查验频率过高而抱怨，认为这影响了船期、耽误了生意。然而，企业应认识到，规范的查验记录能够形成完整的货物溯源证据链。在后续可能涉及的税务稽查或走私案件认定中，这些记录可以客观反映企业进出口行为的合规性，从而降低企业违规的法律风险。

【案例 3-2】

某企业出口废钢，第一批按每吨 600 元申报，被海关布控查验。海关审核后认为，企业申报价格过低，每吨成交价格应为 1 600 元。企业按照差价补税放行。三周后，企业出口相同货物，第二批按照每吨 1 200 元申报，被立案侦查。在税款计核过程中，前后两批货物的出口价格均被认定为每吨 2 000 元，并据此计核了税款。

这个案例中的税款计核方法有两处存在争议，具体如下所述。

第一批出口货物计税价格的确定。第一批出口货物已经被查验，企业接受了海关审价确定的成交价格，并补缴了税款。对这批货物而言，补税完成后，所有的海关手续已经终结，后续侦查不应另行调整计税价格，否则会与布控查验的价格存在冲突。

第二批出口货物计税价格的确定。第二批出口货物的计税价格，也可能受到布控查验中所确定的完税价格的影响。海关估价中所确定的价格，不仅对被查验批次货物有效，对于前后 45 天内申报出口的货物都是有效的。因此，该企业第二批货物也应当以海关估价所确定的 1 600 元作为计税价格。

可以看出，企业申报出口货物价格时，必须确保价格与市场行情相符，避免因申报价格过低或过高引发海关质疑。

（4）出口与进口走私税款计核的差异

同样是走私税款的计核，进口与出口有着显著的差异。

一方面，税款计核的计税基础不同。进口货物的完税价格通常以到岸价格为准，不包括国内段的运输及进口后发生的费用；出口货物的完税价格则以离岸价格为准，不包括国外段的运输及出口后发生的费用。这一点与正常外贸活动中税款的计征是一致的。唯一的区别是称呼不同，正常贸易中称为完税价格，走私中称为计税价格，但基本的计税方法是相同的。

另一方面，税款计核方法不同，即是否含税（关税与增值税）。在进口环节，先要确定关税，然后在加入关税金额的基础上计算消费税，最后在加入关税和消费税总数的基础上计算增值税。进口环节的走私计税价格包括了货款、关税、增值税及消费税；而在出口环节，关税和增值税通常不计入计税价格。因此，在出口废钢走私案件中，税款计核仅涉及关税，无须同时计核关税、增值税及消费税，且不存在税上加税的操作。

《关税法》第二十九条规定："出口货物的计税价格以

该货物的成交价格以及该货物运至中华人民共和国境内输出地点装载前的运输及其相关费用、保险费为基础确定。

出口货物的成交价格，是指该货物出口时卖方为出口该货物应当向买方直接收取和间接收取的价款总额。

出口关税不计入计税价格。"

总体来说，与进口相比，出口计税价格是一个完全不含税的价格，既不含出口关税，也不含国内的增值税。在走私案件的审理过程中，如果忽视了以上两个区别，把出口走私也当成进口计核税款，以到岸价格替代离岸价格、以不含税价替代含税价，将严重影响税款计核的准确性。

3.2 棉花走私税款计核中滑准税的应用

滑准税是一种根据进口商品完税价格的变动而动态调整税率的关税计征方式。从税收政策的角度来看，棉花可谓"天选之子"——在众多进口商品中，只有棉花享受了滑准税的特殊待遇。这让人不禁好奇：为什么只有棉花适用滑准税，其他商品没有这样的待遇呢？也正是由于滑准税的存在，棉花进口的关税计核变得相对复杂。

1. 棉花的品目及关税计核方法

从税则号列来看，棉花包括三个四位数品目：5201 未梳的棉花、5202 回收纤维、5203 已梳的棉花。在不考虑配额的情况下，5201 未梳的棉花与 5203 已梳的棉花最惠国税率为 40%；5202 回收纤维最惠国税率为 10%。在考虑配额的情况下，关税的计核方法如下。

（1）不适用配额税率

5202 回收纤维不适用配额税率，关税计核相对简单，直接按照 10% 的最惠国税率计核。

（2）适用配额税率

5201 未梳的棉花与 5203 已梳的棉花适用配额税率计核关税。5203 已梳的棉花只适用农产品配额；5201 未梳的棉花除了适用农产品配额，还可适用农产品配额外优惠税率配额。

根据 2025 年税则，5201 未梳的棉花与 5203 已梳的棉花分享 89.4 万吨关税配额数量。两个品目项下的棉花，国内收货人能拿到农产品配额许可证的，就可以按照 1% 的配额税率计核关税。企业需向海关提交由国家发展改革委授权机构出具的《农产品进口关税配额证》，经海关审核确认后按 1% 的税率缴纳关税。

　　配额关税不区分进口贸易方式，一般贸易与加工贸易共享关税配额数量。这一点详见国家发展改革委发布的《2025 年棉花进口关税配额申请和分配细则》第三条第二项的规定，"本次配额申请、分配不区分一般贸易和加工贸易，由企业自行选择确定贸易方式。"

　　拿不到《农产品进口关税配额证》的，5203 已梳的棉花只能按照 40% 的最惠国税率缴纳关税，没有其他尝试申请优惠税率的途径；而 5201 未梳的棉花，则还可以申请配额外优惠税率。在配额外进口一定数量的棉花，企业需向海关提交由国家发展改革委授权机构出具的《关税配额外优惠关税税率进口棉花配额证》，经海关审核确认后，按照滑准税计算公式确定适用税率，缴纳进口关税；对于不能提供"农产品进口关税配额证"与"关税配额外优惠关税税率进口棉花配额证"的进口棉花，适用 40% 的最惠国税率。

2. 滑准税的适用对象

　　滑准税是一种根据市场价格动态调整的关税机制，税率在 1%~40%，没有一个固定的数值。最终税率究竟是多少，取决于进口棉花的完税价格。当进口棉花的完税价格特别高时，有可能接近 1% 的配额税率水平；当进口棉花的完税价格特低时，有可能接近 40% 的最惠国税率水平。滑准税税率 1% 打底，40% 封顶，不能突破这个区间。

（1）适用条件

滑准税的适用条件非常严格，并非所有的棉花进口都可以适用，必须同时满足两个条件：一是仅限于 5201 未梳的棉花，二是企业能够取得《关税配额外优惠关税税率进口棉花配额证》。

国家发展改革委通常会在每年的 3、4 或 7、8 月公布滑准税配额的申请细则。与农产品配额相比，滑准税配额的分配主要有以下两个特点。

第一，产品关税配额优先保障国有企业。例如，根据《2025 年棉花进口关税配额申请和分配细则》，在 89.4 万吨关税分配对象。农配额总量中，33% 为国有贸易配额；而相比之下，滑准税配额则均规定为"非国营贸易配额"。

第二，限定贸易方式。农产品关税配额不限定贸易方式，一般贸易及加工贸易均可申请；而滑准税配额则更具有针对性，如 2024 年发放的棉花进口滑准税配额就仅限于加工贸易方式。

上述两个特点综合下来，就导致从事加工贸易的民营企业拿到滑准税配额的概率更大一些，而这也使得该领域成为税收风险的高发区。

（2）滑准税的计税方式

根据 2025 年税则，5201 未梳的棉花滑准税的计税方式如下。

①当进口棉花的计税价格高于或等于 14.000 元/千克时，按 0.280 元/千克计征从量税。

②当进口棉花的计税价格（P_i）低于 14.000 元/千克时，暂定从价税率（R_i）按下式计算：

$$R_i = \frac{9.0}{P_i} + 2.69\% \times P_i - 1$$

上式计算结果四舍五入保留 3 位小数。当上式计算值高于 40% 时，R_i 取值 40%。

这个公式看似复杂，实则不难理解，因为整个公式中只有一个变量，即计税价格（P_i）。尽管高价棉花税率优惠较大，但由于完税价格高，国家税收整体不会大幅减少。

（3）正确的申报方式

企业进口棉花时，需向海关提交由国家发展改革委授权机构出具的《关税配额外优惠关税税率进口棉花配额证》。配额证的商品名称栏应标注"棉花（配额外优惠关税税率，商品编号52010000.80）"，备注栏注明"监管代码e"。采用这种方式进口的棉花，应在报关单上填报商品编号52010000.80，随附单证栏内同时填写监管代码"e"。

自2023年1月1日起，《关于全面实施〈中华人民共和国农产品进口关税配额证〉等3种证（明）联网核查的公告》（海关总署 国家发展改革委 商务部公告2022年第132号）开始施行，相关规定如下：

"一、对《中华人民共和国农产品进口关税配额证》《中华人民共和国化肥进口关税配额证明》《关税配额外优惠关税税率进口棉花配额证》（以下统称配额证）实施电子数据与报关单电子数据的联网核查。

……………

四、使用配额证向海关办理进口手续的，企业应准确填报配额证代码和编号，并填报报关单商品项与配额证商品项的对应关系（填制要求详见附件）。《中华人民共和国化肥进口关税配额证明》的进口商和进口用户应分别与报关单的收发货人和消费使用单位一致。《中华人民共和国农产品进口关税配额证》和《关税配额外优惠关税税率进口棉花配额证》，以加工贸易方式进口的，最终用户名称应与报关单的消费使用单位或收发货人一致；以其他贸易方式进口的，最终用户名称应与报关单的消费使用单位一致。"

（4）加工贸易项下棉花进口的计税方式

加工贸易项下棉花进口的计税方式与一般贸易项下的计税方式基本相同，但其特殊性在于，加工贸易项下棉花进口在不同的阶段会涉及两个配额证。加工贸易企业在棉花进口时需提交贸易方式栏注明"加工贸易"字样的《农产品进口关税配额证》或《关税配额外优惠关税税率进口棉花配额证》，在内销时需再次提交贸易方式为"一般贸易"的对应配额证。虽然配额证类型相同，但因贸易方式不同，实际上需分别申领两份证件。而在一般贸易中，棉花进口只需要提供一次配额证即可。

涉及棉花的走私犯罪，基本上均与加工贸易有关，有些加工贸易企业在进口棉花时，甚至还取得了注明"加工贸易"字样的配额证。然而，这些企业并未将进口棉花用于加工贸易，而是通过"道具车＋综保区一日游"的方式或者补充购进国产棉花的方式，骗取加工贸易手册的核销。

在计核此类企业的关税时，有些辩护律师提出，由于企业取得了配额证，因此应当按照 1% 配额税率或者滑准税税率来计核关税。这种理解显然是不正确的。

如前所述，加工贸易企业内销棉花，还需要提供贸易方式为"一般贸易"的配额证原件，才可以享受 1% 配额税率或者滑准税税率。仅取得注明"加工贸易"字样的配额证，在内销棉花时依照海关法规是不能享受 1% 配额税率或者滑准税税率的。因此，在这种情况下，司法机关按照 40% 最惠国税率计核进口棉花的关税是完全正确的。

3.3　进口水果的走私风险与税款计核

水果是一种特殊的进出口贸易商品，其价格受品质、市场供需等多种因素的影响。因此，企业在进口水果时，往往难以立即确定最终的成交价格。然而，海关的"落地征税"原则要求企业在货物入境时就必须明确申报价格，这种时间上的错配让许多水果进口商陷入两难境地。为此，一些企业采取了不规范的价格申报方式，如使用所谓的"海关指导价"进行申报等。这些做法不仅容易导致税款计算错误，还可能引发相应的法律风险。

1. 进口水果的成交价格不确定如何向海关申报

（1）定价模式与海关监管的冲突

水果进口的定价模式与海关的监管规则之间存在一定差异，需要进一步协调以确保贸易顺利进行。作为水果进口商，存在自营和代销两种经营模式。

在自营模式中，进口商需要在验货后根据水果的品质确定价格，这一点通常需要在收货并全部开箱后才能做到。水果不新鲜或者果径不符合约定，进口商可以联系境外供应商要求扣款。

在代销模式中，又可以细分为保底代销和非保底代销模式。保底代销模式是进口商与境外供应商约定一个保底价格，由进口商按照保底价格代销，对于低于保底价格的部分，进口商负有补足差价的责任。非保底代销模式是进口商不承诺水果的售价，根据实际销售价格据实结算。代销模式下，水果的真实成交价格在进口时往往无法确定，需要根据后续国内的销售情况来定。

从商业角度看，上述交易安排都是合理的，但却与海关的"落地征税"原则形成了冲突。对海关来说，纳税义务通常在货物进入关境时已经确定，通关后续的变动通常不影响进口货物的税款金额。例如，进口商进口的水果即使一个都没卖掉，海关也不会退税；水果比预期的利润高出一倍，海关也不会追加税款。简单来说，进口水果的税款取决于通关时的"报验状态"。

当然，这只是一个基本原则，并非毫无例外。例如，铁矿砂等大宗商品可以选择公式定价。在公式定价模式下，进口商可以先申报一个计算公式给海关，准确的完税价格在进口后根据公式中确定的变量数值进行申报，如升贴水等。

（2）"两步申报"：进口水果商可以借鉴的正确报关方式

为解决水果进口时成交价格尚未确定，但货物亟待上架的问题，许多企业采取了不规范的价格申报方式。例如，有的企业按照所谓的"海关指导价"（海关并未提供指导，这一概念纯属误解）进行申报；有的企业按照行业协会确定的价格申报，即由几家企业协商统一报价，这可能导致整个行业被查处；有的企业由负责人自行确定一个价格，或参考他人的报关单随机申报。

以上价格申报方式均忽视了海关监管要求，即如实申报。不规范申报的后果无非两种：高报，虽不构成犯罪，但可能导致税款损失；低报，可能构成走私犯罪，面临法律风险。

随着"放管服"（简政放权、放管结合、优化服务）改革的深入推进，海关的通关改革为企业提供了许多新的便利措施。然而，一些从业人员尚未及时掌握这些政策和技能。例如，海关推行的"两步申报"模式，就可以在一定程度上缓解进口商品定价模式与海关监管之间的冲突。

2019年12月26日，《海关总署公告2019年第216号（关于全面推广"两步申报"改革的公告）》发布，规定自2020年1月1日起，进口货物"两步申报"在全国全面推广。在这种通关模式下，企业可以分以下两步完成申报。

第一步，概要申报：企业在货物入境时提交概要申报，经海关同意后，即可提离货物。

第二步，完整申报：企业自运输工具申报进境之日起14日内完成完整申报，办理缴纳税款等其他通关手续。

"两步申报"兼顾了进口商验货与海关征税的需求。但需要注意的是，"两步申报"无法解决进口商的所有需求。例如，在代销模式下，进口商一定要卖完所有水果后才能确定申报价格，但海关在计征税款时不可能无限期等下去。因此，"两步申报"要求进口商必须在运输工具申报进境之日起14日内完成准确申报。"两步申报"解决了进口水果自营模式下的定价问题，对于代销模式，可能需要通过跨境电商等其他模式来寻求解决方案。

2.水果代销模式下的海关合规路径

为了既满足代销的商业需求，又符合海关的监管要求，代销水果商可以考虑采用跨境电商保税仓模式，即海关监管方式代码"1210"项下的跨境电子商务网购保税进口模式。

代销水果的进口商，在海关备案并取得跨境电商企业资格后，可将代销的水果进口到跨境电商海关监管区域。

在海关监管区域内，货物处于保税的状态，即是否征税取决于后续的销售情况。水果进入海关监管区域后，进口商可以根据国内消费者的订单从监管区域内发货收款，然后根据销售情况向海关集中申报纳税，并将此作为与境外供应商结算的依据。这样就同时兼顾了代销的商业需求与海关监管的要求。由于货物进入了保税的海关监管区域，进口商可以仅进行清单申报。当货物处于保税区内时，进口商并不产生纳税义务。

对于不符合合同约定的水果，进口商可以与供应商协商处理方式，要么降价销售，并按照降价情况申报纳税、结算货款；要么在海关的监管下销毁变质的水果（销毁水果通常并不产生收益，因此无须缴纳税款）；如果是可以经得住折腾的"果坚强"，退运当然也是一种选择。

需要特别提醒的是，代销水果与自营水果的纳税义务是相同的。有些进口商对此存在误解，认为代销的水果所有权属于境外供应商，自己没有缴税的义务；另外，水果进口价格不确定自己也有正当理由，海关应当接受。这些想法不仅是错误的，而且非常危险。无论是代销水果还是自营水果，进口商作为收货人都是纳税义务人。即使通过买单进口未出现在报关单上，一旦涉嫌走私犯罪，进口商作为实际经营人仍会被认定为偷逃税款，并可能被追究刑事责任。因此，代销水果也必须在进口环节确定真实的成交价格，并向海关如实申报和纳税。

3. 代销水果批发业务的关务合规路径

如前所述，进口水果代销企业，如果是直接将水果销售给国内消费者，可以选择"1210"跨境电商保税仓模式。但专门从事批发业务，即将水果卖给国内的其他经销商，也就是从事 B2B 经营的企业，这时该怎么做呢？因为是代销，所以报关时效上无法满足"两步申报"中完整申报的要求；又因为是 B2B，也无法采用"1210"跨境电商保税仓模式。那么，这类企业是否只能选择伪报交易价格以一般贸易方式申报？当然不是。实际上，这类企业至少有两条关务合规路径可以选择：保税区交易和加工贸易交易。

（1）保税区交易

在保税区交易中，水果的进口批发商先把货物申报进入保税区，与国内其他经销商达成交易安排后，直接从保税区发货给其他经销商，货物提离保税区并按照成交价格缴纳税款。水果卖完后，根据销售表单与境外供货商对账并结算。对于未售出的水果，在海关的监管下做销毁处理或退运。水果的退运需要经过检疫程序，但能否实际完成退运，需根据具体情况而定。

（2）加工贸易交易

除了保税区交易，代销水果批发经营的进口商，还可以考虑加工贸易的方式。现行海关法中，加工贸易对于"加工"的技术含量要求并不高。水果进口后，大包装换小包装、分拣、检测，都属于"加工"的范畴，企业均可以向海关申请加工贸易手册或者电子账册，开展加工贸易。

完成分拣和检测后，进口商可以将加工贸易项下的水果内销给国内的其他经销商，并及时缴纳税款。对于未售出的水果，可经海关同意后做销毁处理或退运。水果的退运需要经过检疫程序，但能否实际完成退运，需根据具体情况而定。全部处理完毕后，进口商向海关申请加工贸易的核销，也就是和海关对账，确保账目平衡。最后，进口商根据手册核销情况，与境外供应商结算。与保税区交易相比，加工贸易的优势是更便捷，在海关监管下，加工贸易可以在企业的厂区内进行。

以上分析只是提供了一些可行的路径，实际操作中，企业还需综合考虑自身成本、资源及地区条件等，做出最优选择。

4. "打总账"调整水果价格的风险

一些水果进口商会向境外供应商缴纳保证金，这就可能存在双方"打总账"进行结算的情况。例如，进口商代销供应商 2024 年全年的水果，双方约定最终的价格以年度结算为准，全年价格在最后一次交易中找平。在前 11 个月的交易中，水果品质出现问题，双方协商扣款 100 万元，12 月进口 120 万元的水果，进口商按照扣除 100 万元之后的余额，也就是 20 万元进行申报。

进口商如果真的这样做了，可能会面临走私的指控。"打总账"的做法在商业上是合理的，但海关的税收征管规则并不允许。进出口货物的税款计核，是以报关单为单元进行统计的，不同的报关单之间原则上不能"打总账"。一票报关单就是一个核算单元，任何一票报关单低报了价格，都有可能被认定为走私。

一票报关单价格是否低报，海关仅考虑报关单项下货物的情况，不考虑报关单以外的其他商业因素。例如，海关在估价中不接受回溯性折扣。如上文所述的第 12 个月的交易，年底的最后一期交易价格仅考虑当期有几个货柜的水果，正常的市价是多少，而不考虑前 11 个月水果的质量如何。即使前 11 个月水果质量不好，价格扣除部分也不得在计算第 12 个月货物完税价格时扣除。通俗来讲，东西卖多少钱甚至白送，动的是当事人自己的奶酪，海关不干预；但若因为结算价格影响了海关税款的征收，如低价申报导致少缴了税款，那企业就会面临法律风险。

包括水果交易商在内的所有进出口经营企业，都必须了解海关的监管规则，认识到海关的监管底线在哪里。底线不可破，交易自由也并非绝对。当商业安排与海关监管规则无法调和时，企业需要放弃或者调整自身的商业安排，以确保合规。

5. 高报价格部分能否申请海关退税

一些长期从事外贸交易的水果经营者，在向海关进行价格申报时，不是按照实际的成交价格进行申报，而是依据所谓的"海关指导价"来申报。在这种情况下，低报价格可能构成走私，多报价格如何处理呢？例如，真实的成交价格为 100 万元，但进口商依据所谓的"海关指导价"，按照 110 万元进行了申报，并缴纳了税款。对此，进口商能申请海关退税吗？这种情况不限于水果行业，其他行业的走私案件中也经常出现类似问题。

这里需要先强调一点，根本没有所谓的"海关指导价"。这种说法不仅让企业理解跑偏，更是给海关硬扣了一口"天大的锅"。水果走私案发后，很多当事人会交代是按照"海关指导价"申报的价格。既然是海关指导的价格，为什么还要追究刑事责任呢？问题的关键在于，这个价格并不是海关指导的。所谓的"海关指导价"，实质是海关内部的一个预警价格。例如，全国各关区都有同类水果申报进境，价格在 5 000~20 000 元/吨。如果某企业申报了 4 000 元/吨，海关系统会对这一异常低价特别关注，通常会布控查验，核实货物的真实价格。而引发系统报警的 5 000 元/吨，就成了传说中的"海关指导价"。可以看出，这个价格海关是内部使用，且严格保密的，怎么会拿来指导企业进行报关申报呢？

海关从来没有要求企业按照所谓的指导价进行申报。预警价格是别人交易形成的价格，是大数据分析的结果，而海关估价的立足点是真实成交价格。也就是说，企业要盯着自己的交易，而不是拿眼睛瞟他人的报关单。

因此，进口商参考所谓的"海关指导价"进行申报，对于多缴的税款，是没有权利申请退税的。缴税是原则，退税则是例外情况。只有在符合明确规定的退税情形下，企业才有可能申请退税。《中华人民共和国海关进出口货物征税管理办法》（以下简称《海关进出口货物征税管理办法》）明确规定涉及以下情形的进口货物，可以申请退税。

一是散装货物短装。水果基本上都是集装箱进口，且此种退税必须是因为短装造成的。很显然，本部分讨论的高报价格无法适用。

二是因品质等原因导致的，且不复运出境情况下的退税。此种情形不限于散装货物，且不要求退运出境，但必须是因为残损、品质不良、规格不符或者货物短少等原因造成的。本节讨论的高报价格是由于纳税义务人有意采取所谓"海关指导价"申报造成的，与货物的品质、规格或者数量等无关，因此无法适用此情形。

三是进口货物因品质或规格原因导致的退运出境。高报价格并非品质或者规格原因引起的，且水果并未退运，因此不符合退税条件。

上述可以申请退税的情形对应的法律条款为，《海关进出口货物征税管理办法》第五十八条规定："纳税人发现多缴纳税款的，可以自缴纳税款之日起三年内，向海关书面申请退还多缴的税款。包括但不限于下列情形：（一）散装进出口货物发生短装并且已缴税放行，该货物的发货人、承运人或者保险公司已对短装部分退还或者赔偿相应货款的；（二）进出口货物因残损、品质不良、规格不符原因，或者发生本条第一项规定以外的货物短少的情形，由进出口货物的发货人、承运人或者保险公司赔偿相应货款的……"

第五十九条规定："有下列情形之一的，纳税人自缴纳税款之日起一年内，可以向海关书面申请退还税款：（一）已缴纳税款的进口货物，因品质、规格原因或者不可抗力，一年内原状复运出境……"

基于以上分析，高报价格缺乏明确的退税依据，因此事实上无法退税。退税涉及国库资金的调拨，执行时会从严把握，必须有明确的法律或政策依据。如果没有明确的

退税依据，仅凭"讲道理"或声称因疏忽高报价格而要求
退税，在实践中几乎是不可能的。

6. 寄售贸易能否解决水果进口价格申报难题

在探讨水果走私问题的过程中，有观点提出可以通过
寄售贸易（海关监管方式代码为"1616"）解决水果进口
价格申报难题。这真的有效果吗？

2015 年，上海海关在全国率先试点进口水果"寄售
贸易"。这包含了两层意思：一是水果寄售贸易在当时是
个新鲜事，没有其他海关这样操作过，所以才叫"率先试
点"；二是没有全国范围适用的统一的海关监管规则，在
上海可以，其他关区并未跟进。截至目前的检索结果显
示，除上海海关外，尚无其他关区实施类似试点。

由此可以得出两个结论：

一是不能简单认为"1616"海关监管方式代码可直接
用于水果寄售贸易，企业缴纳保证金后即可开展寄售贸易
的想法并不现实；

二是寄售贸易在全国各关区目前处于停顿状态，实操
中难以通过"1616"寄售贸易申报水果进口。

从海关法来看，"1616"寄售贸易本来就是一个特殊

的制度，需要经过海关批准才能开展，其实质上是参照海关对保税货物的监管模式。自 2022 年 4 月 1 日起，《海关综合保税区管理办法》开始施行，其中第十一条规定："境外进入综合保税区的货物予以保税，但本办法第十二条、十四条规定的情形除外。"寄售货物不属于第十二条、十四条规定的情形，属于海关予以办理保税手续的范畴。

《中华人民共和国海关对保税仓库及所存货物的管理规定》第四条提到，"保税仓库中专门用来存储具有特定用途或特殊种类商品的称为专用型保税仓库。专用型保税仓库包括液体保税仓库、备料保税仓库、寄售维修保税仓库和其他专用型保税仓库。"

可以看出，寄售贸易原则上应当在保税区或者保税仓库开展，以便接受海关的监管。如果不在保税区，如直接运到水果批发市场，则应当符合海关监管要求，经海关批准，并办理注册手续。但现行法律对具体监管要求、批准条件及注册手续缺乏明确规定，导致保税区外的水果寄售贸易难以开展。

综上所述，"1616"寄售贸易目前还无法有效解决进口水果价格不确定从而难以向海关申报的问题。

7. 价格磋商能否解决进口价格不确定的问题

在探讨水果进口价格申报问题时，有些业内人士提到可以通过价格磋商解决水果进口价格不确定的问题。这样做真的可行吗？

根据《海关确定进出口货物计税价格办法》，价格磋商主要适用于两种情形：一是申报进口的贸易方式特殊引发的价格磋商；二是价格质疑后的价格磋商。

在一般贸易中，海关也可能启动价格磋商，但前提是海关对申报价格提出质疑。例如，海关认为水果进口的申报价格低于正常水平，要求进口商说明情况。如果进口商无法做出合理的解释，则海关会依据法定的估价方法确定进口水果的完税价格，并在此基础上计征税款。

在价格磋商中，通常进口商处于被动地位，海关提出价格质疑后，才会启动价格磋商。很难想象进口商会主动告知海关申报价格偏低并要求磋商。而且，价格磋商的机会通常只有一次。在首次价格质疑和价格磋商中，如果没有其他证据，海关通常仅做补税处理。若进口商后期再被查到，可能会被移送缉私局进行处理。因为通过第一次的质疑和磋商，办案机关会认为进口商主观上应该了解定价规则，若仍沿用磋商前的价格进行申报，就属于明知故犯。这种情况下，被追究走私罪的风险将显著增加。

通过以上分析可以看出，水果进口的价格申报难题难以通过价格磋商的方式解决。

8. "图方便"的严重后果

水果产业虽小，但其进口审批手续却并不简单，涉及通关、检验检疫及外汇管理等诸多环节。正常情况下，进入水果进出口行业需要跨越一定的技术门槛。

在海关业务中，进口商需要了解归类、估价、原产地等基本的通识规则，取得进出口经营权，办理收发货人登记；在检验检疫中，进口商需要了解境外果园和包装厂的信息，出口国与中国之间双边的检验检疫协定，并办理水果进出口的各种检验检疫证书；在外汇业务中，进口商通常需要先向出口商支付保证金，交易过程中还涉及价格调整所带来的付汇，同时需要做好外汇的核销，满足外汇监管的要求等。

尽管流程复杂，但似乎很多水果进口商"有钱就能开张"。这是因为大多数进口商将上述烦琐的海关、检验检疫、外汇业务外包给物流企业，即所谓的"包通关"。通过买单操作，进口商无须办理进出口经营权和收发货人登记，检验检疫与外汇业务也看似与己无关，于是，复杂的外贸业务变成了"有钱就能做"的生意。

这种"速成"模式虽有一定便利性，但也存在很大的风险。进口商丧失了贸易的决定权，接受委托的物流企业包揽了报关业务，具体的申报价格最终变成了由物流企业确定，而不是由进口商确定。物流企业因为同时接受多家进口商的委托，势必要在价格上进行平衡，以保持申报价格的一致性，避免海关的价格质疑。物流企业平衡价格的做法，一旦引发海关核查或处罚，最终责任仍由进口商承担。

水果进口与其他行业一样，对企业有较高的合规要求。要长久经营，企业必须做到合规，保持对进出口活动的独立判断。否则，总是依附于他人的判断，将"身家性命"放到他人手上，经营风险会极高，可能会引发严重的法律后果。

3.4　走私白糖的税款计核

　　白糖走私案件中的税款计核较为复杂，涉及多种税率的适用和计税价格的确定，直接影响偷逃税款数额的计算。白糖进口涉及不同的关税税率，适用条件和计核方式各不相同。为了降低合规风险，企业应在进口白糖时，根据货物的实际性质和进出口条件，选择并申报正确的税率。

1.白糖关税税率的适用

　　白糖目前存在六种不同的关税税率：普通税率、最惠国税率、关税配额税率、协定税率、保障措施关税税率、报复性关税税率。这六种关税税率相差很大，因此选用何种税率是白糖走私税款计核必须确定的因素。下文提到的税率均指关税税率，不再重复。

（1）普通税率

　　白糖的普通税率是125%，即进口100元的白糖，要缴纳125元的关税。但这一税率很少在正常的白糖进口贸易中采用。《最高人民法院 最高人民检察院 海关总署关于印发〈打击非设关地成品油走私专题研讨会会议纪要〉的通知》（署缉发〔2019〕210号）于2019年10月24日发布后，普通税率成了绕关走私适用的标准税率。

《打击非设关地成品油走私专题研讨会会议纪要》（以下简称《会议纪要》）第三条第一款规定："非设关地成品油走私活动属于非法的贸易活动，计核非设关地成品油走私刑事案件的偷逃应缴税额，一律按照成品油的普通税率核定，不适用最惠国税率或者暂定税率。"

类似地，在绕关走私中，白糖的关税税率也普遍适用125%的普通税率。在非绕关走私中，其他税率仍有适用的可能性。

（2）最惠国税率

白糖的最惠国税率为50%，适用于开展正常贸易的世界贸易组织（WTO）成员方。在司法实践中，对于无法查清原产地的货物，都是按照疑罪从轻的原则，适用最惠国税率计核关税。《海关总署关税征管司关于对原产地不明的涉嫌走私违规货物计核偷逃税款问题的复函》也明确表示，如原产地不明且办案部门举证不能，适用最惠国税率计核偷逃税款。

普通税率和最惠国税率适用上的划分条件主要看走私

的方式，绕关走私适用普通税率，非绕关走私适用最惠国税率。绕关走私就是《会议纪要》中所说的非设关地走私，例如，在月黑风高时将白糖通过河运从越南运到中国广西境内，完全避开海关监管。而非绕关走私也叫闯关走私，即形式上向海关申报，但试图通过伪报、瞒报等方式逃避海关监管，常见的方式包括伪报品名和低报价格两类。

（3）关税配额税率

关税配额税率为 15%。适用关税配额税率的前提是拿到配额，但绝大部分的白糖配额都分配给了国有企业，许多民营企业难以通过合法途径获得配额。这种情形下，一些企业就会铤而走险，选择通过走私手段进口白糖。在走私犯罪中，按照 15% 配额税率计核税款的极为罕见。另外，在满足配额税率适用条件的情形下，仍选择走私，缺乏必要性。

（4）协定税率

白糖的协定税率依据国际双边或多边贸易协定确定。在某些情况下，白糖可以享受较低的协定税率，甚至零税率。此类优惠通常面向特定贸易伙伴，而主要白糖生产国往往不在优惠范围内。由于协定税率对主要生产国的适用性有限，相关贸易案件涉及协定税率的情况相对较少。

在贸易政策层面，主要生产国通常面临相对较高的进口税率，这既体现了对国内产业的保护考量，也反映了对国际市场供需平衡的应对。

（5）保障措施关税税率

保障措施是指国家根据 WTO《保障措施协定》对特定产品实施的贸易保护措施，具体包括征收保障措施关税、设置数量限制、特殊情况的差异化对待。2016 年，中国商务部对食糖产品启动保障措施立案调查，并于 2017 年和 2018 年先后发布公告，决定对进口食糖征收保障措施关税。

在公告列明的时间段内，白糖的保障措施关税是否适用只看配额，不看原产地。不管哪个国家来的白糖，只要没有配额，都要征收保障措施关税（适用协定税率的国家和地区除外）。

（6）报复性关税税率

报复性关税是针对特定国家或地区实施的关税措施，通常作为对不公平贸易行为的反制手段。在白糖贸易中，报复性关税税率在现有关税的基础上加征 25%。然而，报复性关税的具体计算并非简单叠加，而是需要根据进出口税则对白糖的细分品类（如原糖、精制糖等）做出进一步细化。在实际操作中，报复性关税的计算也始终处于动态变化之中，企业需密切关注相关政策更新，以确保合规。

在介绍完白糖进口的六种关税税率后，下面通过一个例子来说明在走私白糖犯罪中，税款是如何计核的。

【案例3-3】

某嫌疑人绕关进口100元白糖，根据规定，其需要缴纳125%的普通关税、35%的保障措施关税，如果是从特定国家绕关进口，还需加征25%的报复性关税，最后的关税税率高达185%。除此之外，还涉及增值税的计征。计征进口环节增值税的计算公式为：

进口环节增值税应纳税额＝（完税价格＋实征关税税额＋实征消费税税额）×增值税税率＝（100+185）×13%=37.05（元）

（注：假设白糖不征收消费税。）

这样算下来，走私100元的白糖，可能产生222.05元税款。

2. 预混粉进口中走私故意的认定与税款计核

税则号列的判定并非一个非黑即白的领域，未受过专业归类训练的人员很容易出现误判。例如，新闻报道中的预混粉（95% 白糖与 5% 葡萄糖混合物），其税则号列应归入 1701（白糖）还是 1704（糖食），可能就会存在争议。

如果嫌疑人在申报前向专业的关务公司咨询过，获取过预归类的建议，或者在网站上进行过检索比对，又或者出口国海关出口报关单上同样将税号归入 1704，则即使归类客观上存在错误，这些行为也有助于降低走私故意认定的概率。

（1）预混粉进口的商业合理性与走私故意的认定

如果嫌疑人进口了预混粉后，通过技术方式分离白糖和预混料，然后分开销售或者使用，那么走私的故意是非常明显的。预混是手段，获取白糖才是目的。也就是说，嫌疑人进口预混粉没有其他商业上的合理性。相比之下，国内一些速食品企业进口预混粉后，直接将其用于后续的生产流程，以简化生产工序、保证产品质量的稳定性。在这种情况下，尽管进口预混粉同样降低了税收成本，但由于其具有明确的商业合理性，不能认定企业主观上存在走私故意。

（2）是否存在海关实质检验后正常放行的情况

海关的查验分为两种，一种为形式查验，另一种为实质查验。形式查验是指海关按照进口收货人的申报，进行形式上的比对后做出处置，这种查验并不表明海关对货物的最终态度；实质查验是指海关对存疑货物采取的抽样化验等程序，旨在确定货物成分等关键信息，并依此做出最终处置。

如果嫌疑人或者嫌疑企业如实申报了预混粉的成分，海关对税号存疑，通过化验的方式确定实际成分与申报相符后，仍然放行了货物，则企业被认定为具有走私故意的可能性会降低。

（3）预混粉走私应否征收配额外关税和保障措施关税

白糖进口的税率较高，尤其配额外关税与保障措施关税，税率分别为 50% 和 35%，占了关税的大头。在预混粉走私案件中，是否征收这两种关税，对最终税款的核定具有重大影响。

预混粉归类通常基于商品编码的前 8 位，如 17019910。商品编码共有 10 位，前八位即税则号列，但仅凭前 8 位的商品编码，是无法确定税率的，只有进一步明确到后两位的本国子目，才能最终确定应当计核的关税。例如，17019910.10 与 17019910.90，二者前 8 位相同，后两位不同。17019910.10 为配额内税率（15%），17019910.90 为配额外税率（50%）。

然而，预混粉是否应征收配额外关税和保障措施关税，需回归国家设置配额和保障措施的目的：保护国内白糖产业，提高进口白糖成本，消除价格优势。预混粉中白糖含量仅为 95%，不符合国家标准（蔗糖含量不低于 99.5%），无法与国产白糖竞争，因此不应征收配额外关税和保障措施关税。

在司法实践中，人民法院也把走私货物是否符合白糖的国家标准作为计核税款的必备依据。虽然判决书中通常不载明税号，但会载明是否符合白糖的国家标准。例如，（2019）浙 03 刑初 58 号判决认为，检测标准应当符合国家标准。

可见，在白糖走私案件中，计核税款的前提是走私货物是否符合白糖的国家标准，而非单纯依据税则号列。只有符合白糖国家标准的走私货物，才有可能与国内的白糖产业竞争，进而征收配额外关税和保障措施关税。

（4）计税价格

预混粉的成本包括白糖成本、一水葡萄糖成本、混合费用、运费。每吨预混粉中，占比95%的白糖的价格约为330美元、占比5%的一水葡萄糖的价格约为25美元、混合费用约为85美元、运费约为10美元。

将上述费用按照1701白糖的商品编码计入计税价格，符合法律事实与商品归类规则，但却会与客观事实发生冲突。因为，不管技术上如何归类，事实上进口的一吨预混粉中白糖确实只有950千克，剩下的50千克是一水葡萄糖。由此，就会产生计税价格适用上的困难。

第一，预混粉申报进口的价格不能作为成交价格直接采用。买卖双方达成的成交价格是预混粉的成交价格，而不是白糖的成交价格。一吨白糖的成交价格要低于预混粉，因为同重量的一水葡萄糖价格高于白糖，且省去了混合费用。仍以前述的价格构成为例。一吨预混粉的FOB价格（离岸价）约为450美元，如果折算为一吨白糖，则价值25美元、占比5%的一水葡萄糖替换为同重量17美元的白糖，减去85美元的混合费用，运费不变，一吨白糖的 FOB 价格仅为 357 美元，约为一吨预混粉的 79%。一吨白糖是不会产生 450 美元的成交价格的，450 美元是预混粉的成交价格。因此，不能将 450 美元作为计税价格的核定依据。

第二，价格鉴定存在技术性误判。国内价格鉴定机构如果把预混粉当作白糖来估价，则只能把预混粉鉴定为劣质白糖。因为按照白糖的国家标准，预混粉的各项指标显然是不达标的。而这样的鉴定结论，又将与客观事实不符。预混粉是按照订购要求特别加工的，完全是合格商品，只是因为套用了白糖的检测标准，才被定性为劣质。

（5）税款计核

将预混粉界定为白糖，除了计税价格，在税款的计核方面也会引发争议。

一是关税配额的适用。现行的白糖进口关税税率，采用了两分法的方式，要么配额内，要么配额外。但在将预混粉当作白糖处理时，会碰到一个问题，预混粉似乎不符合进行上述两分法的前提条件。只有适用配额管理的货物，才有区分配额内、配额外关税的必要，而预混粉并不适用配额管理。

　　一方面，商品编码本身并不能就配额是否适用给出答案。商品编码的前 8 位无法直接体现是否适用配额，只有第 9 位和第 10 位的本国子目才能明确配额内或配额外税率。而侦查阶段，通常商品编码只能确定到前 8 位。另一方面，从配额设立的目的来看，预混粉也不应该被纳入配额管理的范畴。《中华人民共和国保障措施条例》第十六条规定，"有明确证据表明进口产品数量增加，在不采取临时保障措施将对国内产业造成难以补救的损害的紧急情况下，可以作出初裁决定，并采取临时保障措施。临时保障措施采取提高关税的形式。"

　　预混粉只能用于特定的下游食品企业，和白糖不能相互替代，不采取临时保障措施也不会对国内产业造成难以补救的损害。因此，预混粉不属于适用配额管理的商品。

　　二是保障措施税率的适用。如前所述，因为预混粉只能用于特定的下游食品企业，和白糖不能相互替代，因此既不适用配额管理，也不应征收保障措施关税。

3. 白糖走私数量的认定

　　白糖走私数量的认定也影响着最终走私税款的计核，下面结合法院判决进行分析。

【案例 3-4】

在（2018）浙 03 刑初 119 号苏某统等人走私普通货物、物品罪一审刑事判决书中，针对白糖走私吨数认定及偷逃税款核定等问题，温州市中级人民法院判决认为：

"对于走私的吨数，关系到海关核定证明书对于偷逃税款的核定是否真实合理的问题……对于前三次走私货物已经流失到社会的，相应的吨数如何认定的问题。根据各被告人的言词证据，证人证言的言词证据，被告人驾驶的福顺 528 号轮船的载重量而言，结合被告人实施犯罪，追求'犯罪效益'最大化的角度，不可能只装载半船货物，一般情况应该是满载。排除其他意外情况（如泄露、故意抛弃等，但是本案并不存在该些情况），有充足的理由相信，每次走私白糖在 600 吨左右。控方鉴于刑法的谦抑性，以每次 500 吨的数量来认定并无不当。况且，前面三次走私白糖的款项的大额打款记录能够与数量大致对应……综上，法庭对控方指控被告人走私的次数及每次的数量，没有怀疑，应予采纳；辩护人以款项不能逐一对应为由，

> 提出案件事实不能认定的理由，依据不足，不予采纳。
> 并且，数量上的略有出入，不影响对被告人的定性，
> 也不足以影响量刑。"

上述案件中，法官从犯罪心理学的角度，认定每一次运输都应当是满载。这个认定是非常有意思，也非常具有合理性的。嫌疑人将走私视为一门"生意"，会像正常的商人一样思考，尽可能降低成本，实现利润的最大化。这一认定也符合刑法基本原则和法律适用要求，尽管存在一定的争议，但总体上是客观、合理的。

4.未查获实物的白糖的品质如何确定

白糖是一种非常特殊的商品，表面看十分相似，但根据国家标准，白糖可以分为精制、优级、一级、二级四种品质，需要检测蔗糖分、还原糖分、电导灰分、干燥失重、色值、浑浊度及不溶于水杂质等七项理化指标后才能得出结论。在查获实物的情况下，可以通过送检的方式确定白糖的品质；但在未查获实物的情况下，由于走私活动通常缺乏具体的检测记录（仅有数量记录而无品质记录），如何判断未查获白糖的品质就成了一大难题。

《会议纪要》规定："查获部分走私成品油的,可以按照被查获的走私成品油标准核定应缴税额;全案没有查获成品油的,可以结合其他在案证据综合认定走私成品油的种类和数量,核定应缴税额。"对于需要化验才能确定品质的走私货物(如白糖),会议纪要并未明确规定可以参照查获的其他货物。因此,在未查获实物的情况下,如何确定走私白糖的品质仍需结合其他证据进行综合判断。

5. 评估价优先于拍卖价的法律适用

在走私白糖案件中,由于白糖易变质,海关缉私局通常会在办案过程中通过拍卖方式变卖查获的白糖,形成拍卖价格;同时,缉私局会委托价格鉴定机构对白糖进行评估,形成评估价格。这两个价格之间可能存在较大差异,那么应以哪个价格作为计核税款的依据呢? 温州市中级人民法院的一份判决书中写明:

"温州市中级人民法院判决认为,根据《海关计核涉嫌走私的货物、物品偷逃税款暂行办法》,国内有资质的价格鉴证机构评估方式优先于拍卖方式,故价格鉴定机构根据涉案白糖数量、等级在市场调查基础上评估白糖市场价格,关税核定证明书再据此计算偷逃税金额,方法并无不当，辩方对于税款计算依据提出的异议理由不足，不予采纳。"

该判决为类似案件提供了明确的法律适用指引，即在拍卖价与评估价不一致时，优先采用评估价格作为计税依据。

上述判决中，《海关计核涉嫌走私的货物、物品偷逃税款暂行办法》已失效，现行有效的是《中华人民共和国海关计核涉嫌走私的货物、物品偷逃税款办法》（以下简称《海关计核涉嫌走私的货物、物品偷逃税款办法》），其中第八条规定："涉嫌走私货物的计税价格应当以该货物的成交价格为基础确定。成交价格不能确定的，其计税价格依次按照《中华人民共和国海关确定进出口货物计税价格办法》《中华人民共和国海关确定内销保税货物计税价格办法》规定的除成交价格估价方法以外的估价方法确定。"

《中华人民共和国海关确定进出口货物计税价格办法》第六条规定："进口货物的成交价格不符合本章第二节规定的，或者成交价格不能确定的，海关经了解有关情况，并且与纳税人进行价格磋商后，依次以下列方法确定该货物的计税价格：

（一）相同货物成交价格估价方法；

（二）类似货物成交价格估价方法；

（三）倒扣价格估价方法；

（四）计算价格估价方法；

（五）合理方法。"

价格鉴定机构在进行评估时，通常采用上述（一）到（四）的方法，结合料件成本、加工费用、利润等因素，综合得出相应的价格；而拍卖价格只能属于（五）合理方法，因此评估价优先于拍卖价适用。

04

第4章
高价值商品

在全球贸易蓬勃发展的当下，高价值商品的进出口活动日益频繁，从价值不菲的汽车到备受追捧的球星卡，再到钻石、手表等。然而，这些商品在进出口环节潜藏的法律风险也愈发凸显，其中涉及的特殊法律规定让很多进出口企业有些"无所适从"。本章将深入剖析高价值商品在进出口环节中的走私风险，以及走私行为下税款计核的复杂性，以帮助企业在经营相关进出口业务时提高法律风险意识。

4.1 汽车走私中的税收争议

汽车走私案件的税收争议，本质上是法律规范与经济实践之间的复杂博弈。近年来，随着平行进口车市场的发展，走私犯罪呈现链条化、专业化的特点，货物完税价格认定、税款计核等问题，已成为相关从业者开展进出口业务时关注的焦点。

1. 平行进口车能按照"车窗纸价格"申报吗

根据行业惯例，平行进口车的进口价格由两部分组成：一部分是"车窗纸价格"，也就是车辆在海外 4S 店提车的价格；另一部分是"贸易费"，具体包括车辆的运输费、海运费、海外经销商利润等费用。很多平行进口车进口企业，会选择仅向海关申报"车窗纸价格"，而隐去了"贸易费"的申报。为了做到交易单证的表面一致，进口企业会通过"地下钱庄"等不法手段单独支付贸易费，通过修改合同和发票等掩饰真实的价格构成。

在此类案件中，被告人较为常见的抗辩理由是，贸易费属于"购货佣金"，按照海关估价规则不应计入完税价格。应该说，这是将海关正面监管规定应用于走私罪辩护的一种尝试。走私罪属于行政犯，如果能证明不申报贸易费符合海关估价规定，那么当然不构成犯罪。问题的核心是，贸易费属于购货佣金吗？分析如下。

(1) 海关估价规则中的购货佣金

《海关确定进出口货物计税价格办法》第十一条规定："以成交价格为基础确定进口货物的计税价格时，未包括在该货物实付、应付价格中的下列费用或者价值应当计入计税价格：（一）由买方负担的下列费用：1.除购货佣金以外的佣金和经纪费……"

据此，在进口中，购货佣金确实是不计入完税价格的。但是，前提是进口企业能够证明所支付的款项具有购货佣金的属性。此时，举证责任在进口企业，也就是刑事案件当中的被告人。因为购货佣金属于排除条款，属于例外情形。被告人认为存在例外，就必须通过证据加以证明。

被告人的举证，通常应当通过两个方面完成。

首先，形式上的举证。被告人要能够证明存在代理协议。没有代理协议，被告人支付给境外经销商款项的性质就是不明确的。实操当中，一些企业或个人对贸易费的支出采取回避的态度，往往通过"地下钱庄"或者伪造汽车销售协议完成支付，对于书面的代理协议避犹不及，通常无法提供。

其次，实质上的举证。在存在书面协议的情况下，法院会从协议的内容方面进行分析，重点关注三个核心要点：风险承担、所有权及计酬方式。被告人必须证明，海外经销商不承担风险、所有权在发运前已归属于国内进口企业、海外经销商获取报酬的方式与代理效果挂钩。但从行业交易惯例来看，书面协议基本上达不到这种证明标准。最大的障碍在于，贸易费的构成包含了海运费等船公司第三方收取的费用，这部分费用明显属于海外经销商代收代支的部分，与佣金的计算方式不符。

基于上述分析，在司法实践中，被告人关于贸易费不应当计入完税价格，从而未偷逃税款的抗辩意见，均未得到法院的支持。

【案例 4-1】

辽宁省大连市中级人民法院在（2015）大刑二初字第 19 号判决书中，针对大连保税区宏宝鼎国际贸易有限公司、大连保税区风驰国际贸易有限公司走私普通货物、物品一案，就辩护意见作出了明确判决。相关内容为：

"大连市中级人民法院就此辩护意见判决认为，从被告单位及被告人一方与国外供货商的交易方式看，国外供货商在国外以个人名义买车后再卖给被告单位，二者之间系买卖关系，国外供货商加价销售车辆的行为，是为了得到利润。被告人程某亦对此有所供述，称被告单位与国外购货商之间签订买卖合同，而无代理协议。差额款作为成交价格的一部分，系基于买卖关系而产生，应作为完税价格申报。被告人程某明知双方的真实交易关系及差额款的性质，仍不依据实际成交价格申报关税，主观上有明显的走私故意。至于其是否保留多年经营记录等，与本案并无必然联系。"

（2）平行进口车价格申报细则

为了更好地厘清平行进口车的价格构成，海关总署专门发布了申报细则。但因为这一规定的名称中未包含"平行进口车"字样，在常规的检索中往往被忽略，也没有看到人民法院以此作为裁判的依据。

根据《海关总署公告 2017 年第 66 号（关于规范一般贸易进口税则品目 8703 项下非中规车申报要求的公告）》及其附件《具体填报指引》的规定，自 2018 年 1 月 1 日起，进口非中规车的企业除了填制报关单外，还应当同时填写"价格补充申报单"，补充申报"1. 进口车辆实际卖方：转让车辆所有权及风险、并收到车辆价款的销售方。2. 进口车辆实际买方：获得车辆所有权，承担相关风险及付款义务的企业"，并补充提交下列随附单证，"1. 原始合同、发票：应体现货物实际买方、卖方。2. 付汇凭证：应包括定金预付及应税佣金等"。

应该说，平行进出口企业在进口申报时如果未申报佣金，在后续走私罪指控中再进行购货佣金的抗辩，就更加没有成功的机会。若平行进口车未申报佣金，此时偷逃税款就应当以"车窗纸价格"与"贸易费"总和为基础，计算偷逃的关税与增值税。

2. 未查扣现货时的价值认定要合乎常理

法官在判决当中，除了严格依据法律规定，还会兼顾常理。以下和大家分享一个优秀判决。

【案例 4-2】

广东省湛江市中级人民法院（2018）粤 08 刑初 58 号林某文等走私国家禁止进出口的货物、物品一审刑事判决书认定：

"关于被告人林某文等涉案汽车的价值认定，除实际扣押到的 3 台涉案汽车经过检测机构、价格中心检测、评估外，其余涉案车辆均没有实际扣押到实物，对于该部分没有扣押到实物的涉案车辆价值认定，侦查机关部分按照车架号码确定车辆型号委托价格中心评估认定、部分按照被告人记录的实际销售价格认定，部分按照被告人约定的对保价格认定，导致在同样没有扣押到实物、走私车辆型号基本相同的情况下，林某文走私团伙走私的156台（数量少）涉案汽车经价格中心评估的价值是165台（数量多）涉案汽车实际销售价值的2.4倍，相差甚远，不符合常理。

此外，按照156台车价格认定结论书记载，该价格认定结论是在特定的前提和假设条件下作出的，仅在该前提和假设条件存在的情况下，价格认定结论方予成立，价格结论受到国家宏观经济政策、不可抗力或者特殊交易方式的影响，上述因素非价格认定小组专业所能涉及，设定价格认定未考虑上述因素，在没有扣押到实物的情况下，仅凭车辆车架号码、发动机号码确定车辆型号然后委托价格中心进行评估，没有经过检测机构检测，目前证据无法排除邮件资料记载的、没有扣押到实物的156台涉案车辆的车架号码、发动机号码在境外已经改动，亦无法排除该156台车辆在运输途中因不可抗力发生损坏、灭失，已经丧失实用价值之情形，故价格中心对没有扣押到实物的156

台涉案汽车的价格认定结论的客观性、准确性均存疑，不能排除合理怀疑，不具有确定性，不符合刑事诉讼证据的要求，依法不予认定。"

这个案子最大的亮点在于，法官依据常理否定了鉴定机构的意见。

一方面，鉴定结论对于价值失衡难以自圆其说。没有现货，所谓的"汽车"就是一个抽象的"汽车"，没有任何个性化的差异，同案犯走私的"汽车"价值应当根据数量保持平衡。同样是走私相同数量、型号相同的汽车，认定的价值如果过于悬殊，鉴定机构须明确说明这些车辆存在何种差异。

另一方面，假设式鉴定缺乏实际基础。假设式的鉴定结论表明，鉴定机构并未掌握鉴定所需的必要商品要素。在没有现货的情况下，鉴定缺乏实际基础，也无法依据车辆的个性化特征进行评估。

3. 改码行为如何定罪

负责改机动车发动机号和车架号的被告人，会被认定为走私罪吗？上述判决中，法院还针对后续修改号码的行为作出认定："目前无证据证实杨某与彭某、严某、李某等人通谋，杨某改码的时候，彭某等人的走私行为已经实施完毕进入销赃环节，故杨某的行为应认定为掩饰、隐瞒犯罪所得罪。"

这个案件对于走私汽车链条中末端人员的定罪量刑非常有借鉴意义。在走私罪的认定中，对于被告人的主观意图要做更加精细的区分。仅仅证明被告人明知是走私车还不够，还要进一步细分通谋的时间节点。被告人如果是在走私实施完毕前形成通谋，则构成走私罪；被告人如果在走私实施完毕后形成通谋，则不构成走私罪，但可能构成掩饰、隐瞒犯罪所得罪等其他犯罪。

4.2 "小卡片大生意"——走私球星卡的税款计核

一张小小的球星卡，价值甚至可能超过一套住房。也正因为价值高，所以一旦被认定为走私，行为人就会面临严厉的刑事制裁。走私球星卡可能构成走私普通货物罪，最终要承担多大的法律责任，主要取决于偷逃税款的金额。

1. 定罪量刑的标准

根据犯罪主体的不同，走私普通货物罪的定罪量刑分为两套不同的体系，具体可参见《最高人民法院、最高人民检察院关于办理走私刑事案件适用法律若干问题的解释》的有关规定：

"第十六条 走私普通货物、物品，偷逃应缴税额在十万元以上不满五十万元的，应当认定为刑法第一百五十三条第一款规定的'偷逃应缴税额较大'；偷逃应缴税额在五十万元以上不满二百五十万元的，应当认定为'偷逃应缴税额巨大'；偷逃应缴税额在二百五十万元以上的，应当认定为'偷逃应缴税额特别巨大'。

．．．．．．．．．．．．．

第二十四条 单位犯刑法第一百五十一条、第一百五十二条规定之罪，依照本解释规定的标准定罪处罚。

单位犯走私普通货物、物品罪，偷逃应缴税额在二十万元以上不满一百万元的，应当依照刑法第一百五十三条第二款的规定，对单位判处罚金，并对其直接负责的主管人员和其他直接责任人员，处三年以下有期徒刑或者拘役；偷逃应缴税额在一百万元以上不满五百万元的，应当认定为'情节严重'；偷逃应缴税额在五百万元以上的，应当认定为'情节特别严重'。"

总之，不考虑自首、立功、从犯、累犯、退赔、认罪认罚、牵连犯、共犯等特殊情形，个人犯罪与单位犯罪可以大致作如下理解。

个人走私球星卡，偷逃税款金额 10 万元以上不满 50 万元的，处三年以下有期徒刑或者拘役，并处偷逃应缴税额一倍以上五倍以下罚金；偷逃税款金额 50 万元以上不满 250 万元的，处三年以上十年以下有期徒刑，并处偷逃应缴税额一倍以上五倍以下罚金；偷逃税款金额 250 万元以上的，处十年以上有期徒刑或者无期徒刑，并处偷逃应缴税额一倍以上五倍以下罚金或者没收财产。

单位走私球星卡，对其直接负责的主管人员和其他直接责任人员，偷逃税款金额 20 万元以上不满 100 万元的，处三年以下有期徒刑或者拘役；偷逃税款金额 100 万元以上不满 500 万元的，处三年以上十年以下有期徒刑；偷逃税款金额 500 万元以上的，处十年以上有期徒刑。

以上是极简版定罪量刑标准，但由于其过于简化，只能作为初步参考，可能与实际结果存在较大偏差。每个案件都有其独特的情节和细节，这些因素会引导案件朝着不同的方向发展，从而影响最终的定罪和量刑。

2. 税款计核的影响因素

很多文章把球星卡的税率进行简单的界定，这是不准确的。球星卡的税款计核，在完税价格、商品编码、税率等方面都具有极大的特殊性。

（1）完税价格

球星卡一般是以"盲盒"形式进行交易的，一个盲盒当中放了数量不等的卡牌，且类型不同，如普卡、折射卡、签名卡等。每一盒球星卡真实的价格都是不同的。

球星卡的价值受到很多因素的影响，包括：

①球星卡的核心内容，如某位球星的新秀卡牌（Rookie Card），通常其价值会很高；

②卡牌的特殊细节，如是否有球星亲笔签名、是否有球衣碎片嵌入等，Flawless（手提）、Eminence（真金白银）、National Treasures（国宝）、Immaculate（IMM）等系列因其独特的设计和稀缺性，定价通常较高；

③稀缺性，如卡牌是否限量发行等。

因此，在"盲盒"中，每一张卡牌的价格确定之前，整盒球星卡的价格很难确定，这种不确定性使得球星卡的税款计核更加复杂。

（2）商品编码

要准确计核球星卡的税款，须先确定对应的商品编码。球星卡通常是作为印刷品来确定商品编码的，即应归入税则号列49119910（其他纸质的印刷品）。但随着工艺的不断迭代更新，一些特种卡牌上开始出现"花活"，如嵌入球衣的碎片等。除球衣之外，实物卡还会镶嵌比赛用球或球场地板等这些与比赛相关的物品碎片。球星卡发展到今天，其材质也不仅仅局限于纸片了，一些系列产品中会出现玻璃或金属材质的卡牌，甚至镶钻镀金的卡。这些都有可能导致球星卡不再是传统意义上的印刷品，商品编码也极有可能因此发生改变。

（3）税率

球星卡的进口关税问题具有时效性特征，其税率适用需结合具体进口时点确定。该类商品归入税则号列49119910（其他纸质的印刷品），根据相关贸易政策调整公告，该税号曾被列入加征关税商品清单。值得注意的是，该税号在现行税则中适用 0% 的暂定税率，但受特殊贸易措施影响，实际执行税率可能存在动态调整。由于不同时期贸易政策存在差异，同一税号项下的商品在不同时间节点可能适用不同税率，因此准确核定关税需严格对照进口行为发生时的有效税率规定。在涉及历史进口行为时，必须依据具体月份适用的税率文件进行精确计算，同一商品在不同时期的进口可能面临显著差异的税率适用情况。

4.3　走私手表的罪与罚

一块价值 20 万元的手表，可能让携带人面临刑事责任——这并非危言耸听。高档手表适用 50% 进口税率，单件偷逃税款超 10 万元即触犯刑法。实务中，走私者常陷入两大误区：一是错误地认为"自用无须申报"；二是轻信"表盒分离"可以逃避监管。殊不知，上述错误的想法会让自己陷入走私的深渊。

1. 高档手表的征税规定

根据《进境物品关税、增值税、消费税征收办法》的规定，烟草制品、酒精饮料；贵重首饰及珠宝玉石；高尔夫球及球具；高档手表；高档化妆品；电池六大类商品进口税适用 50% 的税率。其中，手表和化妆品有着明确的档次界定，必须是高档手表与高档化妆品才适用 50% 进口税税率；而非高档手表与化妆品适用 20% 进口税税率。

如何判断手表的档次，进而确认应当适用的税率呢？《进境物品关税、增值税、消费税征收办法》明确规定，"类别 3 所列商品的具体范围与消费税征收范围一致。"其中就包括高档手表。那么，消费税对高档手表的征税是如何规定的呢？

《财政部 国家税务总局关于调整和完善消费税政策的通知》（财税〔2006〕33 号）附件《消费税新增和调整税目征收范围注释》中第二条规定："高档手表是指销售价格（不含增值税）每只在 10 000 元（含）以上的各类手表。"

2. 税款的计核

关于手表走私，许多人存在误解，未能准确认识其行为后果的严重性。他们可能会认为："我不就是买了一块表吗，何罪之有？"然而，这种想法忽视了走私行为所带来的法律后果。

（1）走私手表是否构成犯罪主要取决于税款的计核

有些手表在制作过程中会使用濒危动物的皮革，因此理论上可能构成走私珍贵动物制品罪。然而，由于手表属于工业制成品，且相关证据难以获取，司法实践中很少以此罪名提出指控。

在绝大多数情况下，走私手表均按照走私普通货物、物品罪定罪量刑。是否构成犯罪，主要取决于偷逃税款的金额。而偷逃税款的金额又由两个关键因素决定：一是手表本身的价格，二是手表的税率。

手表的价格主要取决于品牌，如百达翡丽、劳力士等名表经常出现在手表走私的判决书中。手表根据价格的高低，可分为高档手表和普通手表。高档手表是指销售价格10 000元以上的手表，而走私案件中涉及的基本上都是高档手表。

按照进出口税则，不同的手表会归入不同的税则号列，适用的税率并不相同。从整体上讲，一般贸易计核手表税款时，关税税率为 8%、增值税税率为 13%、消费税税率为 20%。因为进口环节消费税和增值税均按照计税公式计算，因此，实际的综合税率约为 47%。以上只是估算。

（2）走私一块手表也可能构成犯罪

在手表价格足够高、税款金额足够大的情况下，走私一块手表也可能构成犯罪，无论是用于销售还是自用。按照偷逃税款 10 万元的起刑点，个人若走私一块价格在 20 万元左右的手表，偷逃税款可能会超过 10 万元，从而构成走私普通货物、物品罪。

绝大多数情况下，走私手表均被认定或推定为用于销售。很多人不能理解的是，一块手表，自己买回来戴，为什么会构成犯罪？这种困惑可能源于对海关征税规则的不了解。无论是销售还是自用，携带进境的货物除非符合法定条件，否则都是要缴税的，只是征税的方式和标准有所不同。用于销售的，按照货物计核税款；自用的，按照个人物品计核税款。

根据《国务院关税税则委员会关于公布〈进境物品关税、增值税、消费税征收办法〉的公告》（税委会公告

2024年第11号）的规定，高档手表的进口税率为50%。也就是说，即使出境买了块手表确实是为了自用，但依照规定，携带进境物品价格超过5 000元人民币时，仍然应当向海关申报纳税。如果行为人选择走无申报通道，则可能构成走私犯罪。只是此时的罪名是走私普通物品罪，而不是走私普通货物罪。此外，根据前文分析，自用物品计核税款时，税率有可能略高于用于销售的货物。

因此，千万不要误以为自用的手表就不需要纳税。有一个极端案例：一个人在境外买了一块2 000多万元的手表，携带进境准备自用，最终被认定构成走私普通物品罪。手表虽然只有一块，但偷逃的税款金额已达到了1 000多万元。

（3）手表与包装分装入境体现的走私故意

手表走私通常采用私人定制、点对点通过水客清关的方式。行业内普遍认为把手表和包装分开装运，不容易被海关发现。于是，有些人会将手表包装寄到指定的收件地址，然后把手表戴在手腕上进境。殊不知，这种耍小聪明的做法会给自身带来更大的风险。

走私犯罪中，最难认定的就是主观故意。如果只戴了一块表，包装发票完好地放在行李箱中，可能只需补税。但若采取了手表和包装、发票分离的方式，一旦被海关查获，问题就会升级。海关会认为，行为人显然了解海关规则，但采取了规避的措施，否则为什么要花几百元的运费单独寄送包装和发票呢？所以，行为人的这个操作恰好弥补了证据链上缺失的一环——走私故意，最终行为人被移送缉私局。

（4）进口与国内销售环节中高档手表的税收判定标准

在高档手表进口环节，海关以完税价格作为判定标准，且不扣除增值税；而在国内销售环节，判定标准是扣除增值税之后的价格。例如，某游客在瑞士购买了一块手表，折合人民币10 000元，其中包含了欧洲的增值税（折合人民币1 000元）。中国海关在征收手表的进口税时，是以10 000元为完税价格计算的，税额为5 000（10 000×50%）元，在欧洲缴纳的增值税不得从完税价格中扣除；如该手表境内专卖店以10 000元人民币售出，则不需要缴纳消费税，因为手表扣除增值税后的销售价格不到1万元，即8 849.56［10 000÷（1+13%）］元。

4.4　走私钻石的税款计核

为促进钻石产业发展，国家针对钻石贸易出台了一系列税收优惠政策，包括免征关税、增值税即征即退、消费税后移等，但这些政策仅适用于通过合法贸易渠道进口的钻石。走私钻石因绕开上海钻石交易所这一唯一合法进口通道，无法享受税收优惠，反而面临更高税率的税款计核。

走私钻石的税款计核较为复杂，具体如下所述。

1. 关税

在进口关税方面，走私行为本身已违反法律，不满足免税条件。

钻石走私的税款计核涉及最惠国税率与普通税率的适用问题。这一问题与走私行为是否属于"非设关地走私"密切相关。全国一般贸易项下钻石进出口通常需通过上海钻石交易所海关办理报关手续，其他海关均不属于钻石进口的合法设关地。非设关地走私活动应按照普通税率核定偷逃应缴税额，不适用最惠国税率或暂定税率。如果走私行为形式上通过了上海钻石交易所海关（如会员通过交易所进行走私），可以适用最惠国税率。未通过上海钻石交易所海关进行的走私行为，则属于非设关地走私，应适用普通税率。

2. 增值税

（1）税款计核方式

钻石交易增值税的计核需要重点考虑钻石的税则号列与贸易方式。

对于归入四个税则号列的工业用钻，必须照章缴税，不享有任何增值税优惠。《中华人民共和国海关对上海钻石交易所监管办法》第四条第三款规定，"以一般贸易方式进出口工业用钻，即税号71022100、71022900、71049011、71051020项下钻石的，不集中在交易所海关办理报关手续，依法征收关税和进口环节增值税。"《财政部海关总署 国家税务总局关于调整钻石及上海钻石交易所有关税收政策的通知》（财税〔2006〕65号）第八条规定，"对以一般贸易方式报关进口的工业用钻，不再集中到上海钻石交易所海关办理报关手续、实行统一管理，照章征收进口关税和进口环节增值税。"

对于税号71022100、71022900、71049011、71051020

以外的钻石，增值税的计核取决于贸易方式。在交易所内的钻石交易，免征增值税。交易所会员在交易所内部的流转，实际上享受了保税的待遇，不产生增值税。因为保税政策的缘故，在上海钻石交易所内交易的钻石不仅不征收增值税，关税和消费税也不征收。

钻石交易的增值税纳税义务发生在钻石从交易所进入国内市场时，即钻石通过上海钻石交易所销售至国内企业或个人时，须缴纳增值税。从海关法来看，这属于从"一线"进入了"二线"，从"进境"变成了"进口"，需要办理正式的报关手续，照章缴纳增值税。钻石根据形态可以享受两种不同的增值税税收优惠。财税〔2006〕65号文第一条规定："纳税人自上海钻石交易所销往国内市场的毛坯钻石，免征进口环节增值税；纳税人自上海钻石交易所销往国内市场的成品钻石，进口环节增值税实际税负超过4%的部分由海关实行即征即退。进入国内环节，纳税人凭海关开具的完税凭证注明的增值税额抵扣进项税金。"因此，无论是毛坯钻石还是成品钻石，享受增值税优惠政策都是有前提条件的，即自上海钻石交易所销往国内市场。

若行为人通过水客将钻石携带入境，不符合增值税优惠政策对于贸易方式的限定，税款计核时不必考虑毛坯钻石免征增值税和成品钻石即征即退的优惠政策，按照税则对应的增值税税率照章征收即可。

（2）即征即退政策的适用分析

有人会疑惑，走私钻石应当按照即征即退4%计核增值税吗？对于符合条件的钻石进口，进口环节增值税实际税负超过4%的部分由海关实行即征即退，如果涉嫌走私，仍然应当按照税则上的增值税税率进行计核，而不是按照4%计核。

《海关进出口货物征税管理办法》第十二条规定："进出口货物适用的关税税率，按照《关税法》有关最惠国税率、协定税率、特惠税率、普通税率、出口税率、关税配额税率或者暂定税率的规定确定。

进口货物适用的进口环节增值税税率、消费税税率，按照相关法律、行政法规及有关规定确定。

对实施反倾销措施、反补贴措施、保障措施、按照对等原则采取的相应措施或者征收报复性关税的进口货物的税率，按照有关法律、行政法规及有关规定执行。"

第十七条规定："进口环节增值税应纳税额=（计税价格＋关税税额＋进口环节消费税税额）×增值税税率。"

首先，增值税税率为法定税率（如13%），4%并非税率，而是实际税负指标，不能作为计核依据。例如，企业销售额为100万元，应缴纳13万元的增值税，财政返还9万元，最终达到企业实际税负不超过4%的扶持目的。这个4%与税率没有关系，而海关核定税款，只能按照法定税率计核。

企业的实际税负，并非海关核定进口环节税收的标准。海关只能核定应当征收多少增值税，至于最终返还多少，达到多少实际税负，则取决于财税政策。每个进出口企业情况不同，增值税的实际税负是不同的。例如，同样进口一批货物，甲公司在缴纳了13%进口环节增值税后直接转售，将进口环节增值税抵扣了，那么甲公司进口环节增值税的实际税负为0；乙公司缴纳了进口环节增值税后用于生产免税货物，依法不能抵扣，则乙公司进口环节增值税的实际税负为13%。两家实际税负不同的公司，如果均低报了100万元的完税价格，则认定走私的偷逃增值税金额均为13万元（假设关税为0），而不是根据实际税负来分别核定。如果按照实际税负来核定，甲公司偷漏税款金额为 0，这显然与走私行为的违法性质相矛盾。

其次，进出口税则是海关确定税率、核定税款的唯一标准。其所载增值税税率是由国务院关税税则委员会确定，并报国务院批准后执行，其效力高于各中央部委颁布的部门规章或者规范性文件。增值税增量留抵退税、加计抵减均具有改变增值税实际税负的作用。如果海关核定税款时需要考虑钻石的即征即退，就必须同样考虑增值税增量留抵退税、加计抵减。这样一来，税款的核定将成为一个高度个性化的过程，不同企业因享受不同政策而导致实际税负各异，核定的标准也会有所不同。

再次，偷漏税款的计核仅考虑应当征收多少税款，而不考虑返还多少税款。

根据增值税征收规定，纳税人进口货物，应当自海关填发《海关进口增值税专用缴款书》之日起 15 日内缴纳税款。即增值税税款以《海关进口增值税专用缴款书》为准，并不考虑是否存在返还的部分。

《最高人民法院、最高人民检察院、海关总署关于办理走私刑事案件适用法律若干问题的意见》也明确规定：

"走私犯罪嫌疑人为出售走私货物而开具增值税专用发票并缴纳增值税，是其走私行为既遂后在流通领域获违法所得的一种手段，属于非法开具增值税专用发票。对走私犯罪嫌疑人因出售走私货物而实际缴纳走私货物增值税的，在核定走私货物偷逃应缴税额时，不应当将其已缴纳的增值税额从其走私偷逃应缴税额中扣除。"这也可以说明，进口环节增值税税款是确定的，以进口时核定的应缴税款为准，不应当因为后续的抵扣等情况发生变化。

最后，如果将即征即退政策用于走私税款的计核，不仅完全背离财税政策的初衷，更会导致走私分子获得比合规经营者更优惠的税收待遇。这种逻辑的荒谬性，就好比某面包店推出"买三送一"促销活动时，某人并未购买面包而是偷了四个，却在案发后主张应按促销价格认定盗窃金额。

每一项财税政策都有适用条件，而且必须发生在合法的经营活动中。钻石交易税款即征即退政策也不例外，其享惠对象和享惠程序均有明确规定。

走私分子做的是无税的生意，在缉私警察介入之前，他们根本不缴纳税款，因此不存在税负问题，更无须平衡税负。即征即退政策适用的前提是纳税人自觉接受海关的监管。在纳税人主动申报、海关能够依法征税的前提下，税款才存在返还的可能。在走私钻石的情况下，海关对入境钻石的数量一无所知，走私分子也毫无缴税意愿，所谓的即征即退根本无从谈起。如果连税款都未缴纳，又何来返还之说？

3. 消费税

钻石交易消费税征管的难点在于部分钻石的消费税征收环节后移，由原先海关在进口环节代征改为国内税务机关在后续流通环节征收。《财政部关于钻石及上海钻石交易所有关税收政策的通知》（财税〔2001〕177号）第三条规定，"对钻石及钻石饰品消费税的纳税环节由现在的生产环节、进口环节后移至零售环节；对未镶嵌的成品钻石和钻石饰品的消费税减按5%的税率征收。"消费税后移政策共涉及14个税号的钻石及钻石制品。在走私案件中，偷逃税款的计算仅包含海关征收的关税、增值税以及海关依法代征的消费税。由于这14个税号的钻石及钻石制品已实行消费税后移，海关不再代征消费税，因此这部分消费税不应计入走私犯罪的偷逃税款。

然而，在众多宝石税目中，部分商品的消费税并没有后移，海关仍负有代征义务。例如，71039100 项下经其他加工的红宝石、蓝宝石、祖母绿（未成串或镶嵌）及 71031000 项下未加工宝石或半宝石（经简单锯开或粗制成型，未成串或镶嵌），这些宝石的消费税并未后移，海关在进口环节要征收 10% 的消费税。

总体来说，消费税是否计入完税价格，重点在于税号的确定。海关需要对查获的钻石逐粒归类，确认是否属于消费税后移的商品，只有这样，才能准确核定税款。这与批量查获大米、冻品、成品油等相比，工作量大了很多。

第 5 章

特许权使用费——
来自海关和税务的双重凝视

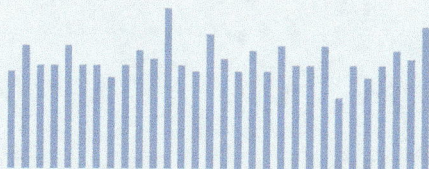

在跨境贸易监管框架下，特许权使用费因其特殊的交易属性，同时构成海关审价和税务征管的关键监管对象。而在实际执法过程中，海关与税务共享执法标准及执法信息的情况也越来越普遍，这就要求企业在审查特许权使用费的合规性时，必须同时从海关与税务的双重视角着手。

5.1 海关与税务对特许权使用费认定的差异

跨境特许权使用费的税务处理因海关与税务机关监管标准差异，会导致企业面临被重复征税的风险。本节通过对比两部门在认定标准、审查重点和计税方法上的关键差异，为企业提供合规优化税负的实操建议，帮助企业有效规避重复征税问题。

1. 认定标准上的差异

在海关法下，特许权使用费是指进口货物的买方为取得知识产权权利人及权利人有效授权人关于专利权、商标权、专有技术、著作权、分销权或者销售权的许可或者转让而支付的费用。

在企业所得税法下，特许权使用费是指企业提供专利权、非专利技术、商标权、著作权以及其他特许权的使用权取得的收入。特许权使用费收入，按照合同约定的特许权使用人应付特许权使用费的日期确认收入的实现。

《国家税务总局关于执行税收协定特许权使用费条款有关问题的通知》（国税函〔2009〕507号）规定：

"一、凡税收协定特许权使用费定义中明确包括使用工业、商业、科学设备收取的款项（即我国税法有关租金所得）的，有关所得应适用税收协定特许权使用费条款的规定。税收协定对此规定的税率低于税收法律规定税率的，应适用税收协定规定的税率。

上述规定不适用于使用不动产产生的所得，使用不动产产生的所得适用税收协定不动产条款的规定。

…………

五、在转让或许可专有技术使用权过程中如技术许可方派人员为该项技术的使用提供有关支持、指导等服务并收取服务费，无论是单独收取还是包括在技术价款中，均应视为特许权使用费，适用税收协定特许权使用费条款的规定。但如上述人员的服务已构成常设机构，则对服务部分的所得应适用税收协定营业利润条款的规定。如果纳税人不能准确计算应归属常设机构的营业利润，则税务机关可根据税收协定常设机构利润归属原则予以确定。"

由此可以看出，仅从概念来比较，海关与税务机关认定特许权使用费的范围并不相同。无论从哪个国家进出口货物，海关对特许权使用费的认定只有一套标准；税收协定下的特许权使用费认定则因国别而异，直接取决于我国与相关国家签订的税收协定条款。

例如，境外母公司将机器设备租赁给境内公司，在税法中，租金被作为特许权使用费；但若境外母公司在中国设立了常设机构，该交易通过在华常设机构完成，则租金不再被视为特许权使用费，而是并入常设机构在中国的营业利润来征税。但对于海关来说，其在认定租金的属性时，不会考虑母公司所在国与我国所订立的国际条约，因为在海关法中租金明显不属于特许权使用费，租赁是货物进口的一种方式，属于货物贸易的范畴，只是完税价格依据租金确定而已。

2. 审查重点上的差异

海关在审查特许权使用费时，主要关注费用与进出口货物的关联性及销售条件。其核心在于将特许权使用费与具体货物进行匹配，以确定特许权使用费是否产生海关环节的应纳税款。海关着重核查费用与货物商品编码及数量的对应关系，这是准确适用税率的基础。只有在无法明确关联的情况下，海关才会采用合理方法、综合税率等方式估算完税价格。

税务机关审查特许权使用费时，其认定标准与进口货物无直接关联，而是着重核查支付方所在国与我国签订的税收协定条款，收款方是否在我国构成常设机构，以及该机构与特许权使用费收入的关联性。在无特殊税收协定条款的情况下，境内支付方需按 10% 的法定税率对支付款项实施源泉扣缴，这一处理标准不受具体进口货物种类的影响。

3. 计税方法上的差异

特许权使用费对应税款的计算方式，在海关法与税法中存在显著的差异。下面举例说明。

【案例 5-1】

某境外母公司向境内子公司出口一批汽车零配件，境内子公司在这批汽车零配件进口一年后，按照净销售额计提 100 万元向境外母公司支付特许权使用费。假设 100 万元全部计入完税价格。

（1）海关征税

海关以企业实际计提金额 100 万元作为完税价格基础，不区分含税与否，直接计征关税和进口环节增值税。计税逻辑为：完税价格 =100 万元，在此基础上分别适用关税税率和 13% 增值税税率计算应纳税额。

（2）税务征税

税务机关在计算代扣代缴的税款时，会考虑 100 万元是含税还是不含税。

①若含税：应扣缴增值税 =100÷（1+6%）×6%
=5.66（万元）

企业所得税应税所得额 =100–5.66=94.34（万元）

应缴企业所得税 =94.34×10%=9.43（万元）

②若不含税：税务机关在确定增值税和企业所得税时，必须先计算对应的含税金额，然后才能计算出代扣代缴的税款。

通过上例可以看出，海关是按实际支付金额计税，税务机关必须进行价税分离处理，且需区分款项性质（含税/不含税）适用不同计算规则。

5.2 特许权使用费自查路径与合规建议

特许权使用费既是海关稽查的重点对象，也是税务稽查的核心内容。以下四方面是企业特许权使用费合规自查的重要风险点。

1. 特许权使用费的金额是否适当

特许权使用费的金额通常是境外母公司依据中国公司净销售额的一定比例确定的。《国家税务总局关于发布〈特别纳税调查调整及相互协商程序管理办法〉的公告》（国家税务总局公告 2017 年第 6 号，以下简称 6 号公告）第三十二条规定："企业与其关联方转让或者受让无形资产使用权而收取或者支付的特许权使用费，应当与无形资产为企业或者其关联方带来的经济利益相匹配。与经济利益不匹配而减少企业或者其关联方应纳税收入或者所得额的，税务机关可以实施特别纳税调整。未带来经济利益，且不符合独立交易原则的，税务机关可以按照已税前扣除的金额全额实施特别纳税调整。企业向仅拥有无形资产所有权而未对其价值创造做出贡献的关联方支付特许权使用费，不符合独立交易原则的，税务机关可以按照已税前扣除的金额全额实施特别纳税调整。"该条款为判断特许权使用费是否过高设定了标准。

对于特许权使用费的金额，关联企业之间不能自说自话，所设定的支付比例必须得到交易实质的支持。特许权使用费比例过高，将引发海关与税务的双重风险。海关将依据间接支付的思路，将多出的特许权使用费计入进口货物的完税价格；税务机关则对企业实施特别纳税调整。

进出口企业应当对特许权使用费的两端进行自查。一方面，进出口企业作为境内支付方，要确认从相关特许权中获得了收益，并能够证明相关的获益情况。例如，不能出现企业以商标权为名支付了特许权使用费，结果却无法证明曾使用过授权商标的情形；另一方面，进出口企业要确认境外收取特许权使用费的企业对相关无形资产的形成具有实质性贡献。这就要求境外关联企业需保持持有无形资产的成员企业架构的稳定性，避免频繁重组调整，否则可能因新设成员企业对无形资产形成缺乏实质性贡献而被海关或税务机关质疑特许权使用费支付的合理性，进而导致特许权使用费支付安排被海关或税务机关否定。

2.特许权使用费是否随行就市地进行了调整

6号公告还要求企业随行就市地调整特许权使用费的比例，否则税务机关可依法实施特别纳税调整。第三十一条规定："企业与其关联方转让或者受让无形资产使用权而收取或者支付的特许权使用费，应当根据下列情形适时调整，未适时调整的，税务机关可以实施特别纳税调整：

（一）无形资产价值发生根本性变化；

（二）按照营业常规，非关联方之间的可比交易应当存在特许权使用费调整机制；

（三）无形资产使用过程中，企业及其关联方执行的功能、承担的风险或者使用的资产发生变化；

（四）企业及其关联方对无形资产进行后续开发、价值提升、维护、保护、应用和推广做出贡献而未得到合理补偿。"

对于关联企业来说，特许权使用费的合规不仅限于签订许可协议这个特定的时间点。许可协议签订后，如果发生所许可的专利过期或者被认定无效、因生产工艺改变而不再需要使用所许可的技术等情形，关联企业必须依法调整特许权使用费的比例，使之与新的情况相符，从而符合公允交易原则。因为涉及税款的征收，特许权使用费的高低并非关联企业之间"你情我愿"的事，违背公允交易原则的特许权使用费，将面临海关与税务的双重稽查风险。

特许权使用费合规对企业内部的信息和业务整合提出了较高的要求。税务部门不仅要与关务、财务、法务部门保持信息通畅，还需要与企业的知识产权、生产部门保持有效的衔接，以对企业内部的特许权权利状态、实际使用情况等实现实时的监控。

3. 明确应税特许权使用费的范围

《海关总署公告2019年第58号（关于特许权使用费申报纳税手续有关问题的公告）》（以下简称58号公告）第二条规定：

"纳税义务人在填制报关单时，应当在'支付特许权使用费确认'栏目填报确认是否存在应税特许权使用费。出口货物、加工贸易及保税监管货物（内销保税货物除外）免予填报。

对于存在需向卖方或者有关方直接或者间接支付与进口货物有关的应税特许权使用费的，无论是否已包含在进口货物实付、应付价格中，都应在'支付特许权使用费确认'栏目填报'是'。

对于不存在向卖方或者有关方直接或者间接支付与进口货物有关的应税特许权使用费的，在'支付特许权使用费确认'栏目填报'否'。"

从上述规定来看，企业在申报阶段就需要明确应税特许权使用费的范围。

4. "包税"中的特有合规风险

特许权使用费如采用"包税"或"到手价"的模式，则将产生额外的合规风险。

（1）海关税务风险

根据海关的规定，进口关税、进口环节海关代征税及其他国内税，不计入该货物的完税价格。但"包税"条款的出现，可能导致税款计入完税价格。

根据海关总署 2016 年第 8 号公告的规定，在飞机租赁业务中，如果承租人代替出租人支付税费（如增值税等），这些税费要计入完税价格。这属于"税费通常不计入完税价格"这一常规原则的特殊情形。

在实际操作中，企业较关心的是：这种规定是否只适用于飞机租赁？虽然公告确实只提到飞机租赁，但根据海关的估价规则，如果企业在其他进出口交易中约定了"包税"条款（即买方替卖方付税），海关同样可能把这些税费计入完税价格。因此，企业在签订各类贸易合同时，要特别注意"包税"条款可能带来的额外成本。

（2）对企业所得税税前扣除的影响

按照企业所得税法的规定，国内进口商代扣代缴的税款可以在所得税税前扣除，但"包税"所产生的替代境外非居民企业所承担的税款，不得作为税前扣除项目，因为这部分税款并非生产经营所必需。已经扣除的，企业应当做相应调增的税务处理。

（3）对增值税应纳税所得额计算的影响

《国家税务总局关于非居民企业所得税源泉扣缴有关

问题的公告》（国家税务总局公告 2017 年第 37 号）第六条规定："扣缴义务人与非居民企业签订与企业所得税法第三条第三款规定的所得有关的业务合同时，凡合同中约定由扣缴义务人实际承担应纳税款的，应将非居民企业取得的不含税所得换算为含税所得计算并解缴应扣税款。"

《财政部 国家税务总局关于全面推开营业税改征增值税试点的通知》（财税〔2016〕36 号）第二十条规定："境外单位或者个人在境内发生应税行为，在境内未设有经营机构的，扣缴义务人按照下列公式计算应扣缴税额：应扣缴税额＝购买方支付的价款 ÷（1+税率）× 税率。"其中，"购买方支付的价款"指的是含税价。

国内进口企业在签订"包税"条款后，履行代扣代缴义务时，必须将合同约定的境外卖方"到手价"（不含税金额）按法定公式还原为含税价，再以此为基础计算应扣缴增值税额，否则会存在偷逃税款的嫌疑。

"包税"所引发的合规风险，从实质上看，涉及企业财务成本的核算问题。企业只要依法纳税，法律并不禁止"包税"的做法，但这种做法将增大关联企业的整体税务成本。因此，关联企业采用"包税"模式前，应当进行相应的成本测算，以确保整体交易架构的合规性与经济性。

5.3　特许权使用费合规申报中的跨部门协作

58号公告引入的"应税特许权使用费"概念，是海关自报自缴改革在特许权使用费监管领域的具体体现。客观来讲，58号公告对企业报关的要求确实有了实质性提高。

依据58号公告的规定，企业在通关环节的申报中，不应存在不确定的状态，企业必须在填制报关单时就对特许权使用费应税还是非应税做出确认。在这种情况下，单纯依靠报关行或者企业的关务部门，已难以满足合规要求，企业必须建立跨部门协同机制，通过企业内部的财务、物流、业务、法务等部门的通力配合，预先核实特许权使用费的相关性、销售条件、价格构成及付款进度等关键要素，确保申报数据的完整性和准确性，从而为企业关务部门提供可靠的申报依据。

1. 财务部门的核心协作要点

从表面上看，企业财务部门的工作并不涉及报关，但在现行报关监管体系下，企业财务部门与海关申报的协同性日益凸显。在特许权使用费的申报中，财务部门应当做好以下四方面的工作。

（1）明确每一笔特许权使用费的完税机关

财务部门通常是根据特许权许可协议对外付汇的，但同一协议项下的款项可能涉及双重监管要求：符合《海关确定进出口货物计税价格办法》相关性及销售条件规定的，应当在海关完税；不符合上述规定的，应当在税务机关完税，依法进行企业所得税和增值税的源泉扣缴。

根据规定，企业申报应税特许权使用费，需提供企业从税务部门获得的代扣代缴税款凭证。也就是说，企业财务部门要做好预判，明确特许权许可协议每一项费用的最终完税机关（海关或税务），并通过提交完整的材料佐证预判的准确性。企业若错误地将应申报至海关的税费缴至税务机关，或反向错缴，均不免除其法定补税及滞纳金责任。

（2）确定特许权使用费的实际支付情况

58号公告针对特许权使用费的实际支付情况，明确区分了两种申报处理方式。相关规定如下：

"三、纳税义务人在货物申报进口时已支付应税特许权使用费的，已支付的金额应填报在报关单'杂费'栏目，无需填报在'总价'栏目。海关按照接受货物申报进口之日适用的税率、计征汇率，对特许权使用费征收税款。

四、纳税义务人在货物申报进口时未支付应税特许权使用费的，应在每次支付后的30日内向海关办理申报纳税手续，并填写《应税特许权使用费申报表》（见附件）。报关单'监管方式'栏目填报'特许权使用费后续征税'（代码9500），'商品名称'栏目填报原进口货物名称，'商品编码'栏目填报原进口货物编码，'法定数量'栏目填报'0.1'，'总价'栏目填报每次支付的应税特许权使用费金额，'毛重'和'净重'栏目填报'1'。

海关按照接受纳税义务人办理特许权使用费申报纳税手续之日货物适用的税率、计征汇率，对特许权使用费征收税款。"

财务部门应当特别关注特许权使用费的支付状态（是否已实际支付和支付的时间节点），以确保申报方式与监管要求相符。

①是否已实际支付

在特许权使用费是否已实际支付的判断上，最常见的误区是将对外付汇与实际支付等同，只要外汇流水上找不到就认为没有实际支付。这种理解是错误的。特许权使用费的支付方式除了对外付汇，还包括债务抵销、转为境内投资、代为清偿等，或者已经包含在进口货物的价格中，通过货款形式完成支付。财务部门对此应当予以核实确认，避免因支付形式识别不全导致申报错误。

② 支付的时间节点

在特许权使用费支付时点的确认上，财务部门须与关务部门保持动态协同：对于本应在进口申报时支付却未实际支付的费用，或不应在进口申报时支付却提前支付的费用，均需建立异常支付预警机制，以及时调整特许权使用费的申报方式。

（3）计提应当规范统一

58 号公告要求企业对特许权使用费的支付情况进行预

判。在费用尚未实际支付的情况下，财务部门的规范计提及会计处理是判断支付义务是否存在的关键依据。因此，财务部门的计提应当做到规范统一，避免因内部财务管理混乱而引发税务争议。实务中某汽车整车企业（包含汽车制造、组装和销售）就曾按照两套标准计提特许权使用费，既遵循境外母公司要求又兼顾境内子公司实际。企业在意识到问题的严重性后立即进行了标准整合，明确了唯一适用的计提规则，及时消除了潜在合规风险。

（4）"货款"中特许权使用费的具体金额

根据 58 号公告的规定，对于包含在"货款"中的特许权使用费，企业应当在报关单"杂费"栏目中单独申报，这就要求财务部门详细了解进口货物的价格构成，对应的财务科目也要更加具体，能够准确反映价格结构，为海关的有效监管提供便利。

2. 物流部门的核心协作要点

物流环节对关税税负的实质性影响长期被企业低估，许多订舱、货代岗位的员工完全意识不到货物装船方式、运输条件的选择及报验状态等会对企业的纳税义务产生直接影响。下面基于 58 号公告，重点分析物流部门在特许权使用费准确核定中的关键作用。

（1）保证报关单与实际货物的一致性

报关单与实际货物保持一致，这是对物流部门的基本要求，但在实务工作中却经常出现合规纰漏，即便是跨国企业亦未能幸免。下面是海关总署在 2019 年发布的一则公告——《海关总署公告 2019 年第 61 号（关于部分进口奔驰汽车存在三元催化器错配风险隐患的警示公告）》，部分内容如下：

"近期，海关在对进口汽车抽批实施环保核查时发现，部分进口奔驰 GLE/GLE Goupe/GLS 汽车三元催化器型号与环保公示型号不一致，部分车辆已经进入国内市场（其中 29 台目前在经销商库存，279 台已零售，详见附件）。经向进口商梅赛德斯—奔驰（中国）汽车销售有限公司了解情况，企业反馈出现上述三元催化器错配问题的原因是，工厂旧版车辆供料 IT 系统未能对 GLE/GLE Goupe/GLS 初期车型进行一致性检查，导致部分车辆国五/国六三元催化器混装。技术机构风险评估显示，上述问题存在一定风险隐患，通过更换正确三元催化器可以有效消除风险隐患。"

这次事件海关总署主要是从产品责任的角度予以处理的，但若进口的三元催化器涉及特许权使用费，在58号公告下，极有可能构成涉及税款的违规。因为国五/国六三元催化器价格不同，分摊的特许权使用费应税金额也会不同。按照《中华人民共和国海关行政处罚实施条例》（以下简称《海关行政处罚实施条例》）的规定，涉税的违规行为相对于不涉税的违规行为，处罚的力度总体上是加大的。这将对企业，尤其是AEO高级认证企业的生产经营活动产生直接的影响。因为物流环节出现差错，企业可能在认证中无法达标，进而引发AEO认证资格存续危机，最终影响整体通关效率并加大通关成本。

上述事件并非个案，还有一家整车装配企业，从欧洲物流中心统一发货时，也出现了错误申报的问题，将实际进口的"发动机"申报为"侧挡板"。很明显，相对于侧挡板，汽车发动机分摊的特许权使用费比例更高。该案在发生时被海关作为非涉税违规处罚，但若适用58号公告，企业将构成涉税违规行为，面临行政处罚。

（2）制作台账，清晰记录货物的流动过程

一个优秀的物流部门，应当是善于制作台账的好管家，在报关环节就考虑到特许权使用费的有效分摊。

根据 58 号公告附件《应税特许权使用费申报表》填报说明第七条的规定，申报人申报应税特许权使用费，需提供应税特许权使用费涉及的原进口货物报关单海关编号："1. 当次支付的应税特许权使用费对应单份报关单的，提供原进口货物报关单海关编号；2. 当次支付的应税特许权使用费对应多份报关单或多项进口货物的，应在随附材料清单中填写与该特许权使用费有关的报关单海关编号及相关货物情况，在'说明'栏填写特许权使用费分摊到相关报关单或相关货物的分摊方法，并提供分摊特许权使用费所使用的会计原则及客观量化的数据资料。"

上述规定要求物流部门能够清晰地记录货物的流动过程，以便在后续补充申报特许权使用费应税款时提供客观量化的申报材料。企业物流部门在享受"集中申报"监管便利的同时，内部仍然应当保持每一票报关单与对应货物的可识别、可追溯。这一点对于同时从事一般贸易与加工贸易等保税贸易的企业来说尤为重要。

（3）用好法律、规章赋予的验货权利

对于报验状态存疑的货物，物流部门应当用好法律、规章赋予的验货权利。

《海关法》第二十七条规定："进口货物的收货人经海关同意，可以在申报前查看货物或者提取货样。需要依法检疫的货物，应当在检疫合格后提取货样。"

《中华人民共和国海关进出口货物申报管理规定》第十三条规定："进口货物的收货人，向海关申报前，因确定货物的品名、规格、型号、归类等原因，可以向海关提出查看货物或者提取货样的书面申请。海关审核同意的，派员到场实际监管。"

如果企业对货物的状态存疑，在向海关申报之前，可以根据上述规定实地查验货物，待核实货物的实际情况后再如实向海关申报。根据 58 号公告要求，若因申报不实导致少缴税款，无论企业主观是否存在过错，均需承担滞纳金责任。少缴税款是承担滞纳金责任唯一的判定标准。

综上所述，对于世界五百强等大型跨国公司来说，业务规模越大，合规管理的重要性就越突出。但实操当中，部分企业仍存在认知偏差，如前文提到的整车装配企业在被海关处罚后，反思的结果居然是："每年这么多单货物，这么多零配件，我们怎么分得清楚？"如果一家企业对自已的经营活动都无法把握，海关面对海量的企业与货物，又如何监管？企业物流部门如仍保持粗放的管理态度，后续可能会面临更大的合规风险。

3. 业务部门的核心协作要点

特许权使用费的应税范围如何确定以及能否确定，与业务部门签订的进出口合同条款息息相关。例如，同样是从某国购进一台机器设备，同样是支付 100 万美元，不同的合同签订方式，企业的税负可能存在明显不同。因此，业务部门在签订进出口合同时，应当注意以下问题。

（1）合同的形式要严谨，不能随意

这个问题在关联企业交易中尤为突出。因为存在关联关系，部分企业对合同签订缺乏应有的审慎态度，导致合同条款存在漏洞或表述模糊，为后续特许权使用费认定埋下合规隐患。例如，中文合同与英文合同在内容上存在自相矛盾的情况、遗漏同类合同通常应当具备的商业条款等。这些形式上的不严谨，就可能导致企业所提供的合同的有效性不被海关认可。海关可能会在合同之外要求企业提交补充资料，如关联企业之间的往来邮件、报关协议及银行流水等，以进一步核实企业合同的有效性与实际执行情况。

（2）明确收费的对应科目与明细

在进出口合同中，尤其是关联交易，经常会出现一些性质并不明确的收费科目，如管理费、服务费等。进出口合同中必须对上述费用进行细化，以确定费用的发生是否与货物具有相关性，是否构成销售条件。若业务部门未在合同中清晰约定，后续关务部门是无法进行准确申报的，即使申报也没有依据。

企业未能提供明确界定应税范围充分依据的，海关与税务机关可能会分别适用各自的征税规则进行征税，从而导致同一笔交易面临重复征税的风险。例如，《非居民企业所得税核定征收管理办法》第六条规定："非居民企业与中国居民企业签订机器设备或货物销售合同，同时提供设备安装、装配、技术培训、指导、监督服务等劳务，其销售货物合同中未列明提供上述劳务服务收费金额，或者计价不合理的，主管税务机关可以根据实际情况，参照相同或相近业务的计价标准核定劳务收入。无参照标准的，以不低于销售货物合同总价款的 10% 为原则，确定非居民企业的劳务收入。"也就是说，同一笔特许权使用费，如果企业无法准确区分，就可能被海关与税务机关分别征税。

（3）注意区分一般贸易与保税贸易货物

对于同时从事一般贸易与保税贸易货物经营的企业来说，业务部门应当从源头把控，确保货物自报关环节起即具备清晰可辨的保税/非保税属性标识。业务部门在订立合同时，可以要求供货企业对不同贸易类型的货物打上不同的唛头标识，同时，尽可能在料件本体采用二维码等形式进行标记，而不仅仅是标记在料件的包装箱上。实践中常见的情况是，企业在收货时能够识别保税货物与非保税货物，但打开包装后难以追溯原始属性，这就会导致企业在后续的海关稽查或保税核查环节举证困难。

根据 58 号公告的规定，企业若要享受加工贸易及保税监管货物免予填报的待遇，必须准确区分不同贸易类型项下的货物，这就要求业务部门从源头环节严格把控。

4. 法务部门的核心协作要点

法务部门在特许权使用费相关性判定中发挥着关键作用，其核心工作在于确保企业申报行为既符合海关监管要求又维护企业合法权益。

（1）判定标准

在企业实务交流中，关于特许权使用费的申报问题往往引发深入探讨。例如，当企业进口货物后才发现未按 58 号公告要求申报纳税时，是否必然面临海关处罚？这一典型情境值得深入分析。

在企业开展非贸付汇排查前需明确，并非所有非贸付汇均涉及应税特许权使用费。根据 58 号公告的规定，企业仅需申报应税的特许权使用费，不应税的特许权使用费无须申报，但是否应税的判断义务在企业。实务中常见判断偏差，尤以商标权特许权使用费的相关性认定最为典型。例如，当企业进口微型零部件，仅在外包装标注商标时，是否构成应税？

《海关确定进出口货物计税价格办法》第十三条第二项对商标权与进口货物相关性的判定标准做出了明确的规定："特许权使用费是用于支付商标权，且进口货物属于下列情形之一的：1.附有商标的；2.进口后附上商标直接可以销售的；3.进口时已含有商标权，经过轻度加工后附上商标即可以销售的。"

因此，仅外包装标注商标而货物本体无法标注的零部件（如体积特别小的零部件等），其特许权使用费不具有应税性，企业无须申报。

（2）判定思路

海关征税的基础是进出境的货物，有一票算一票，必须精准到具体的商品编码，因为不同的商品编码对应的税率可能不同。海关对特许权使用费的应税认定遵循"货物相关性"原则，即只有与进口货物存在直接对应关系的特许权使用费才需计入完税价格并计征关税。若特许权使用费与进口货物无实质关联，即使企业已实际支付，也不构成海关征税对象。

以商标权为例，若境内某企业向境外某咖啡品牌公司支付了特许权使用费，付费的依据是使用了该品牌咖啡的商标。具体的经营模式为企业从境外自行进口咖啡豆，咖啡豆进口时采用中性包装，无品牌标识。企业在境内采购饮用水、餐巾纸及纸杯等其他配套材料，使用咖啡机现场制成各种口味的咖啡，提供给消费者。品牌咖啡的商标出现在经营场所、咖啡杯、餐巾纸及境内播放的媒体广告上。在这种情况下，按照《海关确定进出口货物计税价格办法》的规定，该商标权的特许权使用费与进口的咖啡豆不具有相关性，不应当计入完税价格，海关不予征税。

（3）法务部门在特许权使用费申报中需重点关注的事项

首先，法务部门应当注意收集保留研发的资料凭据。以某汽车安全气囊制造企业为例，其境外母公司为国内客户提供的工程服务同时涉及境内外研发活动：境外部分包括碰撞测试等基础研发，境内部分则主要包括现场安装调试等应用型服务。这种情况下，法务部门应当收集保留工程师日志、工程清单，以确定境内与境外的工程比例。境内段的工程费用不具有相关性，不计入完税价格；境外段的工程费用具有相关性，计入完税价格。

其次，在全球销售的情况下，法务部门应当汇总产品的销售情况。例如，境外母公司向授权方统一支付了特许权使用费，委托代工企业统一向全球的关联公司提供产品。在这种情况下，应当按照中国公司进口数量占全球销量的比例，对相关性做出判断，进而确定应当计入完税价格的金额。

最后，在特许权使用费申报过程中，法务部门需妥善平衡商业秘密保护与海关合规要求。以半导体行业为例，跨国企业通常采用专利池授权模式向国内企业许可技术使用权，并收取专利费用。虽然海关过往对专利费用与进口产品的相关性审查相对宽松，主要依据企业自行申报的专利数量进行分摊，但随着国际贸易环境变化，监管部门对技术许可的披露要求日趋严格。建议相关企业完善内部合规机制，在保护核心商业秘密的同时，准备必要的技术说明文件，确保既能满足海关监管要求，又能维护企业知识产权权益。

综上所述，企业申报"应税特许权使用费"即构成法律意义上的自认，若实际完税金额与申报不符，企业须承担举证责任。这一刚性要求决定了企业管理层必须统筹关务、知识产权、财务、物流、业务、法务等部门协同作业，在确保申报完整性的同时兼顾通关时效。

5.4 特许权使用费的增值税征收

自 2019 年 4 月 1 日起，《财政部 税务总局 海关总署关于深化增值税改革有关政策的公告》（财政部 税务总局 海关总署公告 2019 年第 39 号，以下简称 39 号公告）正式生效，其中涉及降低税率、留抵退税、特定行业加计抵减等多项税收政策，对特许权使用费的征税格局产生了深远影响。

1. 降低税率

根据 39 号公告的规定："一、增值税一般纳税人（以下称纳税人）发生增值税应税销售行为或者进口货物，原适用 16% 税率的，税率调整为 13%；原适用 10% 税率的，税率调整为 9%。二、纳税人购进农产品，原适用 10% 扣除率的，扣除率调整为 9%。纳税人购进用于生产或者委托加工 13% 税率货物的农产品，按照 10% 的扣除率计算进项税额。"

从上述规定来看，海关代征的增值税从 16% 降为 13%；税务局征收的增值税维持不变，仍为 6%，企业就同一笔特许权使用费支付的增值税整体税负降低了 3 个百分点。这种情况下，企业更倾向于将特许权使用费并入进口货物价值向海关一次性申报纳税。海关征收关税，代征消费税和增值税，如果不考虑消费税，关税按照 6% 估算，则企业的税收成本大约为 19%；税务机关征收增值税和企业所得税，通常增值税 6%，企业所得税 10%，且企业还要缴纳约 2% 的城市维护建设税和教育费附加，总体税负大约为 18%。仅从税负来看，两者基本持平。但考虑到分两次报税的人工成本，多数企业会选择向海关申报纳税。对于低关税甚至零关税的进口商品经营者来说，在海关完税的积极性会更高。

2. 留抵退税

39 号公告第八条规定："自 2019 年 4 月 1 日起，试行增值税期末留抵税额退税制度。

（一）同时符合以下条件的纳税人，可以向主管税务机关申请退还增量留抵税额：

1. 自 2019 年 4 月税款所属期起，连续六个月（按季纳税的，连续两个季度）增量留抵税额均大于零，且第六个月增量留抵税额不低于 50 万元；

2. 纳税信用等级为 A 级或者 B 级；

3. 申请退税前 36 个月未发生骗取留抵退税、出口退税或虚开增值税专用发票情形的；

4. 申请退税前 36 个月未因偷税被税务机关处罚两次及以上的；

5. 自 2019 年 4 月 1 日起未享受即征即退、先征后返

（退）政策的。

（二）本公告所称增量留抵税额，是指与 2019 年 3 月底相比新增加的期末留抵税额。

（三）纳税人当期允许退还的增量留抵税额，按照以下公式计算：

允许退还的增量留抵税额 = 增量留抵税额 × 进项构成比例 ×60%"

增值税留抵退税有效缓解了企业因进项税额留抵而导致的资金压力。在政策实施之前，企业的特许权支付可能需要缴纳增值税，取得海关增值税完税凭证或增值税专用发票。这两类凭证在实操中均可作为增值税进项税额抵扣凭证。如果企业最终完全抵扣了进项税额，则双重征税实质上被消除了，但可能会占用一些资金成本；反之，若未能实现完全抵扣，则未抵扣的进项税额会形成留抵，企业将承担这部分税负成本。

从特许权使用费的税负优化角度分析，留抵退税政策的受益对象范围较广。对于跨境电商以及手表、珠宝等奢侈品行业而言，由于终端消费者多为个人且无法开具增值税专用发票，同时这些行业往往不符合简易计税条件，留抵退税政策能够帮助其减轻因进项税额无法完全抵扣带来的资金压力。

3.特定行业加计抵减

根据《财政部 税务总局关于先进制造业企业增值税加计抵减政策的公告》(财政部 税务总局公告 2023 年第 43 号)、《财政部 税务总局关于集成电路企业增值税加计抵减政策的通知》(财税〔2023〕17 号)、《财政部 税务总局关于工业母机企业增值税加计抵减政策的通知》(财税〔2023〕25 号)等文件的规定,先进制造业企业、集成电路企业、工业母机企业在 2027 年 12 月 31 日前享受增值税加计抵减政策,其中先进制造业企业享受 5% 的加计抵减,集成电路企业、工业母机企业享受 15% 的加计抵减。

从税收政策效果来看,符合加计抵减条件的集成电路企业通过进口环节特许权使用费支付,在现行政策框架下可能获得一定的税收效益。例如,某集成电路企业向境外支付 100 万元(假设为不含税金额,进口关税税率为 0)特许权使用费,其向海关补缴增值税 13 万元,向税务局缴纳增值税 6 万元,共计 19 万元。在符合加计抵减条件下,企业可以加计抵减 2.85(19×15%)万元,这对于进项票和销项票比较均衡、经营连续的企业来说，是一种实实在在的税收优惠。

5.5 计提对于特许权使用费征税的影响

关于特许权使用费的征税时点问题，需要明确两个关键概念：纳税义务产生时点与申报缴纳时点。根据海关相关规定，当企业财务计提特许权使用费时，即表明该笔款项属于"应付"范畴，此时纳税义务已经确立。但在实际操作中，申报缴纳时点则以实际支付为准。例如，某企业与境外关联方约定 6 月 30 日支付特许权使用费并完成财务计提，但实际支付日为 8 月 1 日。在此情况下，6 月 30 日计提时即产生纳税义务，而海关申报需要在实际支付后的 30 日内完成。

由此，可能会带来一个疑问：企业会不会有意延迟对外支付，以逃避海关税款的缴纳。实际上这种操作存在多重制约因素：首先，从商业合理性角度来看，境外交易方通常会在合同中明确约定支付时限，不会允许无限期拖延付款；其次，从监管机制设计来看，58号公告附件《应税特许权使用费申报表》要求企业完整披露计提周期、支付方式等关键信息，形成了有效的监管闭环。

实务中，对于偶发性、合理商业原因导致的短期延迟支付，在企业能够提供正当理由的情况下，有可能会被海关接受；但若出现系统性延迟支付或长期拖欠，且企业无法提供合理解释的情况，海关将依据申报不实条款进行查处，企业将面临相应的行政处罚风险。

《海关行政处罚实施条例》第十五条规定，"进出口货物的品名、税则号列、数量、规格、价格、贸易方式、原产地、启运地、运抵地、最终目的地或者其他应当申报的项目未申报或者申报不实的，分别依照下列规定予以处罚，有违法所得的，没收违法所得：

（一）影响海关统计准确性的，予以警告或者处1 000元以上1万元以下罚款；

（二）影响海关监管秩序的，予以警告或者处1 000元以上3万元以下罚款；

（三）影响国家许可证件管理的，处货物价值5%以上30%以下罚款；

（四）影响国家税款征收的，处漏缴税款 30% 以上 2 倍以下罚款；

（五）影响国家外汇、出口退税管理的，处申报价格 10% 以上 50% 以下罚款。"

由此，企业应当从合同订立环节开始，根据自身的实际情况进行申报和计提，一旦合同订立，计提完成，就要按照申报的时间对外支付并缴纳税款。

5.6　二手机器设备或模具特许权使用费的审价

根据海关审价实务，对于专为实施专利而进口的二手机器设备或模具，若其特许权使用费依规定计入完税价格，则海关需合理确定分摊标准。经实践总结，影响分摊的主要因素包括二手机器设备或模具的价值、进口与国内采购部分的价值配比、加工贸易与一般贸易项下的价值比例、与特许权使用费的具体关联程度等。这些要素共同构成了海关审价的关键考量维度，企业应当充分准备相关证明材料以确保合规申报。

1. 二手机器设备或模具的价值

海关在审定二手机器设备或模具完税价格时，通常采用原值乘以成新率的计算方法，但现行法规对成新率的具体确定标准尚未作出明确规定。实务中，企业普遍依据境外母公司所在国会计准则确定的设备账面价值进行申报，然而这种估值方法往往因缺乏统一标准而面临海关的价格质疑，导致审价过程中存在较大的不确定性。

海关在确定二手机器设备或模具成新率时，主要采取以下两种方式。

一是参照《中华人民共和国企业所得税法实施条例》（以下简称《企业所得税法实施条例》）规定的固定资产折旧年限。《企业所得税法实施条例》第六十条规定，"除国务院财政、税务主管部门另有规定外，固定资产计算折旧的最低年限如下：

（一）房屋、建筑物，为20年；

（二）飞机、火车、轮船、机器、机械和其他生产设备，为10年；

（三）与生产经营活动有关的器具、工具、家具等，为5年；

（四）飞机、火车、轮船以外的运输工具，为 4 年；

（五）电子设备，为 3 年。"

二是根据海关内部资料确定机器设备或模具的折旧期限，主要依据现场海关关员的检查和企业提供的维修保养资料等确定。

这两种方式各具合理性，但也存在一定局限。

第一种方式是海关直接援引了税法的规定，而税法设定折旧的立法意图与海关估价并不完全吻合。从税法的角度来看，不同类型的固定资产有不同的最低折旧年限，如果企业固定资产的折旧年限高于税法规定的最低折旧年限，则并不违规。而海关审价则不同，其关注的是设备当前的实际价值，而非税务角度的长期摊销。实务中可能出现这样的情况——企业采用 3 年快速折旧方案申报海关完税价格，虽然符合海关审价要求，但该折旧年限明显短于税法规定的最低折旧年限（如机器设备为 10 年），从而产生税务合规风险。

第二种方式较法定折旧年限更具弹性，能够针对每台进口二手机器设备或模具的实际状况（包括外观品质、维护记录、使用性能等）进行个案评估。然而，这种评估方式主要依赖海关关员的专业判断，存在一定的主观裁量空间，可能导致执法尺度不一致，使得企业难以准确预估进口货物的申报价格。

从企业合规申报的角度考虑，委托具备资质的第三方专业机构对进口设备的技术状况进行独立评估，是较为稳妥的审价应对方案。第三方机构出具的检测报告基于专业检测标准和客观技术参数，相较于关联企业提供的折旧账簿资料，其评估结果更具专业性和公信力，能够为海关审价提供可靠的技术依据。

2. 进口与国内采购部分的价值配比

从商业实践来看，企业通常会从国外进口核心机器设备或者模具，以保证专利技术得到有效应用；同时，从国内采购通用的机器设备，在保证质量的前提下尽可能降低成本。在特许权使用费分摊实务中，企业通常以净销售额作为计提基础，但需注意，该净销售额的一部分产生于进口机器设备或模具，而另一部分则产生于国内采购的通用机器设备或模具。为准确申报，在特许权使用费分摊时，企业应完整提供进口机器设备或模具与国产机器设备或模具的采购协议、发票等证明文件，按照比例将国内采购通用机器设备或模具所对应的特许权使用费扣除。

3. 加工贸易与一般贸易项下的价值比例

在估价中，有些企业所进口的机器设备或模具，同时从事加工贸易和一般贸易的生产。然而，企业在确定计提特许权使用费的净销售额时，通常仅将集团内部关联企业之间的交易额排除在外，并未排除加工贸易项下非关联方之间的交易额。根据我国加工贸易监管的规定，保税货物在复出口环节可享受关税和增值税豁免待遇。因此，海关在审价时会相应扣除加工贸易出口产品对应的特许权使用费部分。企业应当注意，加工贸易项下产品无论是否涉及关联交易，其对应的特许权使用费均不应计入完税价格。

4. 与特许权使用费的具体关联程度

海关在确定是否将特许权使用费纳入完税价格时，主要考虑二手机器设备或模具与特许权使用费之间的相关性，只要具有相关性并构成销售条件，即应纳入完税价格。在对二手机器设备或模具就特许权使用费进行分摊时，海关会在相关性基础上进一步分析设备或模具与各项专利技术的关联程度，通过量化评估确定合理分摊比例。

在跨国公司与国内子公司就特许权使用费签订"一揽

子"技术协议的情况下，探究二手机器设备或模具与特许权使用费之间的相关性具有重要的现实意义。"一揽子"技术协议往往对专利、专用技术、商标、分销权等特许权使用费的具体类型不加区分，也未明确专利及专用技术的具体用途，将国内与国外使用的专利及专用技术打包收取特许权使用费。而国内产生的特许权使用费，按照规定不计入完税价格。因此，企业应当向海关提供客观量化的资料，明确特许权使用费的具体构成，以便海关准确区分境内、境外技术应用对应的费用比例，确保完税价格核定的合规性与合理性。

需要特别说明的是，企业对"客观量化"标准的理解应当全面准确。符合要求的证明材料不仅仅限于企业自主提供的技术说明，还涵盖行业技术标准、专业出版物等具有公信力的第三方技术资料。例如，在某二手轮胎模具审价案例中，海关参照子午线轮胎生产技术规范等行业标准，最终核定特许权使用费应计入完税价格的比例。实务中，部分跨国企业存在认识误区，将技术信息披露与商业秘密保护简单对立，因担心核心技术泄露而拒绝提供任何证明材料，导致海关只能按全额计征。这种非此即彼的应对方式既增加了企业税负，也不利于构建合作共赢的关企关系。实际上，通过合理选择证明材料范围和披露方式，企业完全可以在保护核心商业秘密的同时，履行必要的海关申报义务。

第6章

进出口业务处罚实例解析

　　基于前面对进出口业务合规要点的分析，我们可以清晰认识到国际贸易活动中潜藏的法律风险。无论是外贸企业还是从业人员，都可能面临潜在的行政处罚法律风险。行政处罚是针对偷逃税款的行为额外的处罚，并不意味着免除缴税义务。根据《海关进出口货物征税管理办法》的规定，纳税人、扣缴义务人若因违反规定导致少征、漏征税款，海关不仅有权在三年内追缴相关税款，还将按日加收少征或漏征税款万分之五的滞纳金。本章将结合海关公开的行政处罚案例，深入分析违法行为及实务应对策略，帮助相关从业人员掌握进出口贸易税务风险防范的实务技巧，助力企业合规经营。

6.1　警惕以"包通关"方式开展进出口业务

【案例6-1】

　　2023年6月，深圳宝安机场海关接到缉私局移交案件线索，A公司从广州某废铁厂以每吨人民币1 300元的价格收购了12个货柜的废钢铁，然后以每吨240

美元的价格销售给香港某公司的申先生，并按照客户指示将废铁出口至泰国。A公司委托B公司报关代理出口，B公司又转委托给C公司。C公司按A公司指示向蛇口海关申报出口时，申报的废钢铁价格为每吨人民币400元，申报出口的价格明显低于同时期国内实际收购价格，涉嫌低报价格走私。经计核，A公司低报价格出口上述废钢铁262.41吨，共计偷逃税款人民币8.17万元。涉案企业除了被追征税款和滞纳金外，还要被处以没收涉案废钢铁262.41吨的行政处罚。

【案例6-2】

2023年11月，北仑海关发现D公司在明知水客以非法手段进口通关的情况下，仍以"包通关"方式将猫用液体牙膏等货物委托水客办理进口通关，水客再以"包通关"方式将该票货物委托刘某通过伪报货物品名走私进口。D公司为牟取非法利益，与他人合谋，以伪报品名方式走私进口货物，逃避海关监管，偷逃应纳税款。经计核，上述走私货物的计税价格共计人民币 192 万元，偷逃应纳税款共计人民币约 29.8 万元。涉案企业除了被追征税款和滞纳金，海关还对其作出罚款人民币 30 万元的行政处罚。

【案例分析】

在第 3 章中，我们以废钢为例深入剖析了"包通关"模式的具体运作方式，实际上，无论是进口还是出口环节，这种通过第三方"包通关"的操作手法在各类商品贸易中均存在类似灰色运作。外贸企业即便支付费用将通关事宜全权委托，试图转移责任，但海关监管风险始终贯穿贸易全流程，企业作为申报主体仍需承担最终法律责任，不能因委托操作而免除自身的合规审查义务。

在案例 6-1 中，涉案公司委托报关公司出口废钢铁时，因转委托导致申报价格（400 元 / 吨）仅约为实际交易价（1 300 元 / 吨）的 30%，被认定为故意低报价格走私，最终货物被没收。该案表明，企业即使通过多层转委托试图转移责任，仍需对报关真实性承担直接法律后果；因计核后偷逃税款为 8.17 万元，未达到走私普通货物、物品罪起刑点 10 万元，因此转为行政处罚案件进行处理。

在案例 6-2 中，涉案公司明知水客采用伪报品名方式进行走私，仍委托其操作，被认定为走私共犯，最终因偷逃税款约 29.8 万元面临高额罚款。

企业"主观明知"或"应知"代理方违法是认定走私故意的关键证据链。企业委托代理进出口业务时，若支付的费用明显低于货物正常通关应缴税额，司法机关可直接推定其具有走私主观故意。根据两高一署相关司法解释，"以明显低于应缴税额委托代理进出口"已被明确列为认定走私"明知"情形的法定标准之一。这种"低价包税"模式本质上是通过不正常的价格手段偷逃税款，无论采用何种收费方式（按重量或比例），只要实际造成国家税款流失，即可能构成走私犯罪。

相关法律链接为《最高人民法院、最高人民检察院、海关总署关于办理走私刑事案件适用法律若干问题的意见》（法〔2002〕139 号）：

"五、关于走私犯罪嫌疑人、被告人主观故意的认定问题

行为人明知自己的行为违反国家法律法规，逃避海关监管，偷逃进出境货物、物品的应缴税额，或者逃避国家

有关进出境的禁止性管理，并且希望或者放任危害结果发生的，应认定为具有走私的主观故意。

走私主观故意中的'明知'是指行为人知道或者应当知道所从事的行为是走私行为。具有下列情形之一的，可以认定为'明知'，但有证据证明确属被蒙骗的除外：

（一）逃避海关监管，运输、携带、邮寄国家禁止进出境的货物、物品的；

（二）用特制的设备或者运输工具走私货物、物品的；

（三）未经海关同意，在非设关的码头、海（河）岸、陆路边境等地点，运输（驳载）、收购或者贩卖非法进出境货物、物品的；

（四）提供虚假的合同、发票、证明等商业单证委托他人办理通关手续的；

（五）以明显低于货物正常进（出）口的应缴税额委托他人代理进（出）口业务的；

（六）曾因同一种走私行为受过刑事处罚或者行政处罚的；

（七）其他有证据证明的情形。"

6.2 特许权使用费海关申报风险

【案例 6-3】

2023 年，上海浦东海关发现 E 公司向海关申报进口一般贸易项下平底杯等货物 27 票，除 4 票将"支付特许权使用费确认"申报为"否"外，其余 23 票均申报为"是"。经查，E 公司向境外支付商标使用费人民币 41.75 万元后，30 天内未向海关申报。经核定，货物价值人民币 50.48 万元，漏缴税款人民币 8.73 万元。涉案企业除了被追征税款和滞纳金，海关还对其作出罚款人民币 4.3 万元的行政处罚。

【案例 6-4】

2024 年芜湖海关调查发现，F 公司于 2022 年 6 月 22 日至 2023 年 12 月 29 日期间，以一般贸易方式，从越南、摩洛哥、西班牙等国家的关联公司进口电感器，商品编号为 85045000.00，共 256 票，数量 4 164 万个，货值 1.14 亿元。产品进口后进行销售，F 公司分别于

2023 年 9 月 20 日、2023 年 11 月 20 日、2024 年 2 月 20 日对外支付特许权使用费 17.04 万欧元、26.24 万欧元、16.94 万欧元，共计 60.22 万欧元。根据《海关确定进出口货物计税价格办法》的规定，上述特许权使用费应作为进口货物完税价格缴纳税款。由于 F 公司未按规定向海关申报并缴纳税款，违反了海关监管规定，因此除了被追征税款和滞纳金，海关还对其作出罚款人民币 20 万元的行政处罚。

【案例分析】

特许权使用费是进出口企业极易忽视的关键合规风险。凡与进口货物相关且构成销售条件的特许权使用费（包括商标、专利等授权费用），无论是否已计入货价，均应依法纳入完税价格，并履行申报义务。

在案例 6-3 中，E 公司虽在大部分报关单中确认了特许权使用费支付，但因未及时申报实际支付的 41.75 万元商标使用费，导致漏税 8.73 万元，最终被处以 4.3 万元罚款。这反映出企业对"支付后 30 日内申报"的时限要求存在执行漏洞。

案例 6-4 则揭示了关联交易中的特许权使用费风险。F公司在两年间从关联方进口货值 1.14 亿元的电感器，累计支付 60.22 万欧元特许权使用费却未申报。该案特别警示企业：关联交易中的特许权使用费安排更易被认定为完税价格的组成部分。

除了上述案例，企业需特别警惕特许权使用费的分期支付情况，已付和待付的费用均应纳入海关申报范畴。特许权使用费申报需遵循"实质重于形式"原则，企业应避免将此类费用与货物价格割裂处理。未及时申报不仅面临补税、罚款，还可能被下调信用等级，影响通关效率，因此，企业应严格按照要求操作。建议企业定期开展特许权使用费专项复核，重点关注分批次、关联公司等高风险交易，若出现漏报、少报的情况，须及时向海关进行主动披露，以获得从轻、减轻处罚的处理。

《海关确定进出口货物计税价格办法》明确规定了特许权使用费的应税认定标准，相关条款如下：

"第十三条 符合下列条件之一的特许权使用费，应当视为与进口货物有关：

（一）特许权使用费是用于支付专利权或者专有技术

使用权，且进口货物属于下列情形之一的：

1. 含有专利或者专有技术的；

2. 用专利方法或者专有技术生产的；

3. 为实施专利或者专有技术而专门设计或者制造的。

（二）特许权使用费是用于支付商标权，且进口货物属于下列情形之一的：

1. 附有商标的；

2. 进口后附上商标直接可以销售的；

3. 进口时已含有商标权，经过轻度加工后附上商标即可以销售的。

（三）特许权使用费是用于支付著作权，且进口货物属于下列情形之一的：

1. 含有软件、文字、乐曲、图片、图像或者其他类似内容的进口货物，包括磁带、磁盘、光盘或者其他类似载体的形式；

2. 含有其他享有著作权内容的进口货物。

（四）特许权使用费是用于支付分销权、销售权或者其他类似权利，且进口货物属于下列情形之一的：

1. 进口后可以直接销售的；

2. 经过轻度加工即可以销售的。

第十四条　买方不支付特许权使用费则不能购得进口货物，或者买方不支付特许权使用费则该货物不能以合同议定的条件成交的，应当视为特许权使用费的支付构成进口货物向中华人民共和国境内销售的条件。"

6.3　保税业务及时申报的必要性

【案例 6-5】

2024 年 7 月，J 公司在未经海关许可的情况下将减免税货物抵押给兴业银行股份有限公司汕头分行，抵押期 8 年。经海关计核，减免税货物扣除应折旧部分后价值为 2 650 万元。案发后，J 公司于 2024 年 10 月 29 日解除货物的抵押。该公司的行为违反了《海关法》第三十七条第一款的规定，构成未经海关许可擅自抵押的违规行为。

同时，J 公司作为减免税货物申请人，在减免税货物尚处于海关监管期限内，于 2024 年 1 月 31 日发生股东等主体变更情形，至同年 5 月 23 日才向主管海关报告相关主体变更情况，违反了《海关进出口货物减免税管理办法》第十七条的规定，构成违反海关监管规定的违规行为。

J公司除了被追征税款和滞纳金，汕头海关还对其作出如下处罚：予以警告，科处罚款人民币 3 万元。

【案例 6-6】

日照海关于 2025 年 2 月针对 W 公司涉嫌未按规定办理外发加工手续案出具了一份行政处罚决定书，指出 W 公司分别于 2023 年 10 月至 2024 年 7 月向日照海关备案进料加工贸易手册两本，在执行该两本加工贸易手册过程中，当事人未经海关许可，擅自将加工贸易保税料件共 156 件发运至 Y 公司加工，货值 261.62 万元。最终，涉案企业即 W 公司除了被追征税款和滞纳金，日照海关还对其作出罚款 0.52 万元的行政处罚。

【案例 6-7】

2023 年 10 月，漳州海关针对 H 公司保税货物数量短少违规案出具了一份行政处罚决定书，指出 H 公司在执行加工贸易手册期间，存在以下违规情事：

（1）保税料件"聚乙烯／LLDPE／线性低密度"短少 2 900.89 千克，不能提供正当理由，构成违规，涉及货值约 2.48 万元，涉及税款约 0.42 万元；

（2）擅自处置 LLDPE 边角料 1 383.77 千克、LDPE 边角料 2.12 千克、HDPE 边角料 2 262.61 千克，构成违规，货值约 1.89 万元，涉及税款约 0.32 万元。

最终，涉案企业即 H 公司除了被追征税款和滞纳金，漳州海关还对其作出罚款人民币 1.04 万元的行政处罚。

【案例分析】

在保税业务中，部分企业错误地认为只要货物最终存放在保税区或保税仓库内，企业便可以随意处置其他相关事项。保税货物属于海关监管货物，其任何状态的变化都会受到海关的严格监管和高度关注。企业必须严格遵守海关规定，确保保税货物的管理和使用符合相关法律法规的要求，否则可能面临法律风险和行政处罚。

在案例6-5中，涉案公司擅自抵押减免税货物且延迟报告股东变更，暴露出企业对海关监管货物权属变动的认知不足。根据法律规定，企业对保税货物实施抵押、质押、留置及融资租赁等行为，均涉及海关监管货物的实质性处置，如抵押行为将直接改变货物的担保物权属状态。因此，企业在开展此类涉及货物权属变动的操作前，必须依法向海关履行报批手续，获得海关许可后方可实施相关操作。

案例6-6与案例6-7则体现了在加工贸易业务的日常管理中，企业需要时刻注意货物流与申报流的一致性及商业合理性等问题。根据海关监管要求，企业开展外发加工业务，须提前向海关备案承揽企业资质及加工合同条款。这两个案例中的企业直接发运保税料件至第三方，导致海关无法监控料件流向和单耗真实性，这一行为明显违反了加工贸易管理规定。如果海关在日常监管及风险排查中，发现企业的实物数量与海关底账之间的差异超过1%，则企业可能面临被海关行政处罚的风险。

相关法律链接如下。

《中华人民共和国海关法》第三十七条规定："海关监管货物，未经海关许可，不得开拆、提取、交付、发运、调换、改装、抵押、质押、留置、转让、更换标记、移作他用或者进行其他处置。"

《中华人民共和国海关加工贸易货物监管办法》第二十二条规定："经营企业开展外发加工业务，应当按照外发加工的相关管理规定自外发之日起3个工作日内向海关办理备案手续。经营企业开展外发加工业务，不得将加工贸易货物转卖给承揽者；承揽者不得将加工贸易货物再次外发。经营企业将全部工序外发加工的，应当在办理备案手续的同时向海关提供相当于外发加工货物应缴税款金额的保证金或者银行、非银行金融机构保函。"

《加工贸易货物"短溢区间"管理行政执法裁量基准》第二条规定："加工贸易货物'短溢区间'管理，指对加工贸易企业在运输、储存、加工、装配等过程中，产生的加工贸易货物短溢幅度在 [−1%，1%] 之间的情形，除企业存在主观过错外，不属于违法违规行为，由企业申请办理征税或调整账册底账手续后，海关按规定予以核销的管理措施。"